LUCA-MORITZ GÜLTAS

STUDENTEN KOCHBUCH

Fotos: Coco Lang

Vorwort 5
Küchen-Basics 6
Vorratshaltung 8
Das muss in den Vorrat 9
Das gehört in den Kühlschrank 9
Immer schön frisch 10
Die besten Aufpepp-Tipps & Tricks 11
Saisonkalender 12

FRÜHSTÜCK

Bircher-Müsli mit frischen Früchten 17
Schoko-Bananen-Müsli 17
Schoko-Nuss-Croissants 18
Crêpes nach Gusto 20
Pancakes 20
Kräuter-Dip mit Rohkoststicks 24
Rühreier mit Speck 24
Shrimpsquark auf Toast 25
Eier im Glas 25
Süßes Früchtebrot 26
Toast Hawaii 29
Strammer Max 29
Tomaten-Bruschetta 31
Sesambrötchen mit Frischkäse 31
***Katerfrühstück* 32**
Estragon-Gurken-Shake, Schnelle Tomatensuppe, Smoothy 33

OHNE BESTECK

Clubsandwich 37
Roastbeef-Sandwich 37
Luxus-Baguette 38
Steak-Sandwich 38
Tex-Mex-Wraps 40
Schinken-Rucola-Wraps 42
Tomaten-Muffins 42
***Partyzeit* 44**
Lachs-Rucola-Rolls, Birnen-Gorgonzola-Rolls, Hähnchen-Pesto-Rolls 45
Sizilianischer Gemüsekuchen 46
Gebackener Ziegenkäse auf Nussbrot 48
Hähnchenspieße süßsauer 48
Forellenmousse 49
Zwetschgendatschi auf Quarkteig 51
Zweierlei Naschzucker – Für Sommer und Winter 51
Tuna-Creme 54
Olivenpaste 54
Rotes Pesto 54
Tzatziki 55
Chips for the Dips 55

FÜR DEN KLEINEN HUNGER

Nudelsalat mit Tomaten und Rucola 59
Feldsalat mit Speckwürfeln und Balsamico-Dressing 60
Salat mit Pute und Joghurt-Pesto-Dressing 62
Italian Sushi 62
Spaghetti bolognese 65
Kürbiscreme-Suppe 68
Tomaten-Kokos-Suppe 68
Minestrone 69
Nachos mit Guacamole 71
Kartoffel-Röstkuchen 71
Taleggio-Feigen 72
Melone mit Schinken 72
Datteln und Aprikosen im Speckmantel 72

Prüfungsstress **74**
Nussnudeln, Obstquark, Honigbanane mit Vanilleeis 75
Tomaten-Pecorino-Carpaccio 77
Exotischer Fruchtcocktail 78
Mandel-Mandarinen-Quark mit Schuss 78
Für kubanische Nächte: Mojito 82
Eiskalter Sommergenuss: Strawberry-Daiquiri 82
Alkoholfrei: Virgin Caipi 83
Für kalte Winterabende: Weißer Glühwein 83
Mohnrolle oder Mohnputizen 84
Heidelbeer-Muffins 87

FÜR DEN GROSSEN HUNGER

Spinatquiche 91
Spargelquiche 91
Kartoffelauflauf mit Hackfleisch und Brokkoli 92
Ofengeschnetzeltes 95
Schweinemedaillons in Zitronenrahm 96
Ofenkartoffel mit Kräutercreme 98
Tiroler Gröstl 99
Heimweh **100**
Wiener Schnitzel mit Bratkartoffeln 101
Gefüllte Zucchini in Dillsauce 103
Gefüllte Paprika – asiatisch-scharf 104
Cevapcici 106
Zucchini-Tomaten-Gemüse mit Parmesanspänen 106
Gebackene Auberginen 107
Fleischpflanzerl (Frikadellen) mit bayerischem Kartoffelsalat 108
Big Bacon-Cheeseburger 111
Spargel-Risotto 112
Risi e bisi mit Pute 112
Orientalische Auberginen-Hackrolle 115
Rahmschwammerl mit Riesen-Semmelknödel 116

BEEINDRUCKEN

Vitello tonnato 120
Rindertatar mit Zwiebelkonfitüre und Spiegelei 120
Ohne Ofen! **122**
Involtini di Gallio 123
Fischfilet in Sesamkruste 125
Orangen-Fenchel-Gemüse 125
Schweinebraten mit Semmelknödel 126
Scharfes Kürbisgemüse mit Dillrahm 128
Entenbrust auf Maronen-Mandarinen-Sauce 128
Scampi-Spieße 131
Kartoffel-Limetten-Püree 131
Tagliatelle in Weißweinsauce mit getrockneten Tomaten 132
Hähnchenbrust in Bananen-Buttermilch mit Couscous 132
Rosmarin-Panna-cotta 136
Mascarpone-Zabaione mit Cantuccini 136
Zitronentarte 136
Schokoladentarte mit Himbeersauce 137

Menüvorschläge 138
Rezepteregister 139
Impressum 144

STUDENTENZEIT, MENSAZEIT – dazu viel um die Ohren, knapp bei Kasse und keine Lust, einen Mordsaufwand in einer in aller Regel kleinen Küche zu betreiben. Um diesem kulinarischen Katastrophenzustand abzuhelfen und die zukünftige akademische Elite am Leben zu erhalten, haben wir dieses Kochbuch entwickelt. Es spannt den Bogen zwischen schmalem Budget, nicht vorhandenen oder geringen Koch-Vorkenntnissen und der knappen Zeit zwischen Vorlesung, Jobben und Chillen. Denn: Kochen bringt die reine Freude!
Aus wenigen Zutaten raffinierte Gerichte und Klassiker zu zaubern, macht Spaß, Freunde, satt und glücklich. Nicht zuletzt ist die kreative Beschäftigung mit Nahrungsmitteln hilfreich beim Eindruck schinden oder um bedürftigen Mitbewohnern bzw. hungrigen Kommilitonen etwas Gutes zu tun. Dafür reichen einfache und bezahlbare Zutaten – die aber von guter Qualität. Für dieses Buch habe ich Rezepte für (fast) jeden Anlass und jeden Geschmack entworfen, die alle mit wenigen Handgriffen und ohne große Küchenroutine gelingen.

Viel Spaß beim Kochen wünscht
Luca-Moritz Gültas

KÜCHEN-BASICS

Nicht fehlen an technischem Gerät sollte natürlich ein Kühlschrank, am besten mit einem Dreisterne-Kühlfach. Das erleichtert die Vorratshaltung.

WIEGEN, MESSEN, SCHNIPPELN

Eine Profiausstattung muss nicht sein: In jedem Fall lohnt sich die Anschaffung von ein paar soliden Grundwerkzeugen, die sich zu einem späteren Zeitpunkt einmal erweitern lässt. Eine kleine Küchenwaage und ein Messbecher helfen beim Einteilen der Zutaten. Hilfreich sind auch ein feines und/oder ein grobes Sieb oder Durchschlag, in dem gewaschene Gemüse oder Obst abtropfen können. Als gute Grundlage für die Vorbereitung von Gemüse, Fleisch und Fisch dient ein mittelgroßes Schneidebrett aus Kunststoff oder Holz. Mit einer Vierkantreibe werden Möhren, Gurken oder Parmesan gerieben oder gehobelt. Für alle Schäl-, Schneide- und Hackaktivitäten sind ein Sparschäler und zwei wirklich scharfe Messer ein Muss: Das eine sieht ein wenig wie ein japanisches Fleischermesser aus und hat eine breite, gebogene, superscharfe Schneide. Das andere ist ein kleines Schälmesser zum Gemüseputzen.

SCHÜSSELN, TÖPFE, PFANNE

Ein Rührschüsselsortiment mit unterschiedlich großen Gefäßen aus Kunststoff oder Metall ist nützlich zum Saucenrühren, Sahne- oder Eiweißschlagen und Salatmischen. Als Grundausstattung reichen ein kleiner und ein großer Topf (3 Liter und 5 Liter) mit Deckel als Allroundhilfe beim Garen und Rühren sowie für Nudeln oder Suppen. Dazu gehört noch eine Pfanne zum Braten, Schmoren und Dünsten mit hohem Rand und Deckel sowie eine Auflaufform (ca. 15 bis 25 cm Länge) aus Porzellan oder Metall zum Garen im Ofen und Servieren. Topflappen nicht vergessen!

RÜHREN, QUIRLEN, ANRICHTEN

Wichtigstes Zubehör zum Kochen und Braten: Schneebesen, Holzkochlöffel, Schöpfkelle, Bratenschieber und eine multifunktionale Zange für Nudeln, Fleisch und was sich sonst noch alles packen und wenden lassen will. Nicht zuletzt lohnt sich ein Handrührgerät mit Quirlen und Pürieraufsatz oder ein Pürierstab zum Aufschlagen und Mixen von Saucen, Suppen und Teig. Und weil es sich nur in einer sauberen Küche gut werken lässt: Geschirrtücher, Schwamm, Schwammtuch und eine Flasche Spülmittel. Im Zweifelsfall übernehmen das Abspülen die dankbaren Gäste!

TELLER & TASSEN

Für den Anfang reicht ein Set aus je vier kleinen und großen Tellern, Tassen, Wein- und Wassergläsern sowie kleine Schüsseln. Ein Essbesteck, ebenfalls bestehend aus je vier Tee- und Esslöffeln, Messern und Gabeln rundet die Grundausstattung ab. Geschickt gehängt und gestapelt kommt man dabei locker ohne Ober- und Unterschränke aus. Eine Stange und ein Regal mit Körben für das Besteck und die kleineren Kochutensilien sollten zur Aufbewahrung völlig ausreichen.

VORRATS-HALTUNG

Alles, was ich brauche

Auch in der kleinsten Küche findet alles Notwendige Platz, um kulinarisch etwas Anständiges auf die Beine zu stellen. Zur Grundausstattung jeder Studentenküche, ganz gleich ob im eigenen Appartement, im Wohnheim oder in der WG, gehören normalerweise mindestens zwei Kochplatten oder ein Herd. Ist der Vermieter weitsichtig und darüber hinaus großzügig, spendiert er auch einen Backofen inklusive Backblech. Das ist aber nicht unbedingt erforderlich. In diesem Buch gibt es einige Backrezepte, die man auch ohne Ofen bewerkstelligen kann.

Das muss in den Vorrat

Geschickt einkaufen und Vorrat halten ist nicht nur für spontane Kochaktionen die halbe Miete. Mit einigen Trockenvorräten in Kombination mit ein paar frischen Lebensmitteln entstehen im Nu gute, feine Gerichte. Praktisch: Sobald die Zutatenmenge verdoppelt oder verdreifacht wird, gibt es am nächsten Tag noch einen Nachschlag, man kann auf Vorrat einfrieren oder es reicht für mehrere Leute.

STANDARDZUTATEN UND GEWÜRZE

Neben Mehl, Zucker und Salz sollten auch Senf und ein guter Honig auf dem Einkaufszettel stehen. Unentbehrlich zum Würzen sind schwarzer Pfeffer (am besten aus der Mühle), Paprika (edelsüß), Cayennepfeffer, Oregano, Basilikum und Thymian. Aromatischer schmecken frische Kräuter, für die man aber mindestens eine Fensterbank und den Willen zum Gießen besitzen sollte. Aceto balsamico, Olivenöl (hier lieber in ein teureres investieren – man schmeckt es) sowie ein weiteres Pflanzenöl (z. B. Rapsöl) sind Allrounder, die nicht fehlen dürfen. Dazu gesellen sich noch ein Tetrapak haltbare Milch, Spaghetti, Penne und eine Packung Reis. Ein Netz Zwiebeln und ein kleiner Sack Kartoffeln können mit, sofern sie zu Hause dunkel und trocken gelagert werden können. Bei Kartoffeln zu vorwiegend festkochenden Knollen greifen, die sind am vielseitigsten verwendbar. Zum Schluss müssen noch eine Rolle Küchenpapier, Alu- und Klarsichtfolie in den Einkaufswagen. Aus der Obst- und Gemüseabteilung noch ein paar kleine Kirschtomaten dazupacken. Die lassen sich zu jeder Tageszeit hervorragend mit fast allem kombinieren, dazu nach Geschmack ein paar Äpfel und Bananen für zwischendurch.

Das gehört in den Kühlschrank

Nicht zu vergessen beim ersten Großeinkauf ist der Kühlschrankvorrat. Aus diesen Zutaten lassen sich Saucen, Desserts, schnelles Fingerfood und Hauptgerichte zaubern. Unentbehrlich sind ein Stück Butter, Eier, Joghurt, ein Becher süße Sahne, eine Packung Frischkäse sowie ein, zwei Käsesorten am Stück und nach Geschmack (Gouda, Emmentaler, Parmesan und dergleichen) sowie ein geräucherter Landschinken.

PRAKTISCH: TIEFKÜHLWARE

Für den Fall, dass im Kühlschrank ein Tiefkühlfach vorhanden ist, lohnt sich der Einkauf von tiefgekühlten gemischten Kräutern oder einzelnen Sorten. Auch mit Tiefkühlgemüse (ungewürzt und ohne Sauce) kann man gar nichts falsch machen. Es schmeckt genauso gut wie Frischgemüse und ist sogar noch nährstoffreicher und manchmal auch aromatischer als zu früh geerntetes und „nachgereiftes" Grünzeug. Eine Packung Rahmspinat, gefrorenes Hackfleisch und tiefgekühlte Putenschnitzel machen den Vorrat komplett.

Immer schön frisch

Das A und O beim Einkaufen von Frischwaren, wie Gemüse und Obst, Fleisch oder Fisch sind Qualität und Frische. Früchte, Salat und Gemüse müssen frisch und knackig aussehen und das möglichst ohne Einfluss von Pflanzenschutzmitteln. Am besten, man kauft Freilandware zur jeweiligen Erntezeit und aus der Region. Die bekommt man günstig auf Bauernmärkten. Das macht in Sachen Klimaschutz ein ruhiges Gewissen, ist gesünder, und die Ware schmeckt einfach besser. Viele Supermärkte und Discounter bieten auch Bio-Ware an. Bei abgepackter Ware immer am Boden kontrollieren, ob die Früchte und Gemüse noch intakt sind.

AUF QUALITÄT ACHTEN

Außerhalb der Saison sind Tiefkühlgemüse und Obst (z. B. Beeren) eine echte Alternative. Bei tierischen Produkten, wie Fleisch, Fisch oder Eiern gilt im Prinzip dasselbe. Man schmeckt immer die Herkunft und Frische der Produkte. Richtig gute Ware bekommt man bei einem guten Metzger oder an der Fischtheke. Die gibt es auch im Supermarkt. Bei absoluter Budgetknappheit gilt: Im Zweifelsfall zu Tiefkühlware greifen. Bei Eiern ist, egal ob weiß oder braun, aus geschmacklicher (und ethischer) Sicht Freilandware oder wenn es etwas Besonderes sein soll, Bio-Qualität empfehlenswert. Die Nummern auf den Eiern sind EU-einheitlich und bedeuten: 1 für Freiland-, 2 für Boden- und 3 für Käfighaltung.

Richtig lagern

Pflanzenöle sollten immer dunkel und kühl verstaut werden, sonst verlieren sie an Geschmack und werden ranzig. Kartoffeln, Zwiebeln und Knoblauch werden ebenso gelagert, aber luftig und offen, um Schimmelbildung zu vermeiden. Trockenwaren wie Kaffee, Tee, Müsli, Mehl, Zucker, Reis und Nudeln kommen nach dem Anbrechen in Vorrats- oder Schraubgläser. Die Gewürze stehen griffbereit im Regal und werden nach dem Öffnen ebenfalls am besten in Schraub- oder Gewürzgläser umgefüllt. So behalten sie ihr Aroma.

KÜHL VERSTAUT

Um die Frischwaren optimal zu lagern, gibt es eine Kühlschrankordnung, denn hier herrschen unterschiedlich kühle Temperaturen. Alle Tiefkühlprodukte wandern in das Kühlfach. Auf das Haltbarkeitsdatum achten! Auch gefrostete Ware lässt sich nicht unbegrenzt aufheben. Oben in die Kühlschranktür kommen Butter und Eier, darunter Milch und Sahne. Käse, Frischkäse und Schinken finden ihren Platz im Mittelfach. Abgepackte Produkte lege ich nach dem Öffnen in Kunststoffboxen oder wickle sie in Frischhaltefolie. Tomaten, Gemüse und Salat verschwinden im Gemüsefach. Hier halten sie sich bis zu vier Tagen. Äpfel kommen auf den einen Teller, Bananen & Co. auf einen anderen und werden bei Zimmertemperatur gelagert. Unbehandeltes Obst hält sich gut vier Tage, dann muss für Nachschub gesorgt werden.

Die besten Aufpepp-Tipps & Tricks

Senf Es gibt ihn süß, scharf, mittelscharf, mit Estragon, Feigen, Birnen usw. Er schmeckt zu Würsten, Kurzgebratenem, Frikadellen, unter der Panade auf dem Schnitzel, zu Käse und – in der Salatsauce!

Marmeladen, Fruchtmus und Honig Mehr als nur Frühstücks-Basics: Honig zum Schluss zum gebratenen Lammsteak in die Pfanne geben, Orangenmarmelade unter die Salatsauce mischen oder aus Pflaumenmus und Chilischoten einen pikanten Dip zu Fleischbällchen zaubern.

Kräuter für Desserts: Rosmarin, Thymian und Konsorten finden sich meist im Fleisch, im Gemüse, dem Salat oder Suppe wieder. Dabei machen sie sich wunderbar in Süßspeisen. Wie wäre es mit einem Rosmarineis oder einer Lavendel-Panna-cotta? Einfach einen Kräuterzweig in der Milch oder der Sahne mitkochen und ein wunderbares Aroma entdecken.

Schalen von Zitrone, Limette & Co. geben (unbehandelt) ein großartig fruchtiges Aroma ab, das in Süßspeisen, Salatdressings und auch in Fleischsaucen eine wunderbare Frische hinterlässt.

Pürierte und passierte Fruchtsaucen sind tiefgekühlt haltbar und geben feine Geschmacksimpulse, – nicht nur an Süßspeisen, sondern auch in herzhaften Gerichten, zu Salaten und Gemüse. Bei Bedarf einkochen, mit etwas Wodka, Wein oder Saft, Zucker und Zitrone abschmecken und anschließend pürieren.

Aromavariationen Hackbällchen, Gemüsegerichte und Schmorgerichte lassen sich vielfältig verfeinern. Italienisch wird es mit Basilikum, orientalisch mit Zimt und Rosinen, asiatisch mit Koriander und Rosinen und deutsch mit Petersilie.

Käse ist eine Welt für sich und verlockt mit unzähligen Sorten, die kombiniert mit Früchten unschlagbar sind: Wie wäre es mit Brie auf Weißbrot aus dem Ofen und ein paar Weintraubenhälften obenauf?

Öle Unentbehrliche Allround-Helfer: Rapsöl ist toll zum Braten, weil man es schön heiß machen kann. Olivenöl schmeckt fein im Salat und zum Gemüse. Aromatisiert mit Lavendel, Chili, Steinpilzaroma oder Knoblauch veredelt es einfachste Zutaten, etwa mit frischem Brot und etwas Meersalz als Vorspeise. Besonders fein und ein tolles Mitbringsel: Nussöle jeglicher Art.

MENGENANGABEN

g	→	Gramm
l	→	Liter
ml	→	Milliliter
Msp.	→	Messerspitze
Pck.	→	Päckchen
TL	→	Teelöffel
EL	→	Esslöffel

Man rechnet pro Mahlzeit und Person mit folgenden Portionsgrößen:

Nudeln und Reis als Beilage ca.	100 g (Trockengewicht)
Fleisch als Hauptgericht	200 bis 250 g
Fleisch in der Soße ca.	100 bis 150 g
Fisch als Hauptgericht	250 bis 300g

SAISONKALENDER

	JAN.	FEB.	MÄRZ	APRIL	MAI	JUNI	JULI	AUG.	SEPT.	OKT.	NOV.	DEZ.
OBST												
Ananas	●	●	●	●	○	○	○	○	●	●	●	●
Äpfel	●	●	●	○	○	○	○	○	●	●	●	●
Aprikosen	○	○	○	○	○	●	●	●	○	○	○	○
Avocados	●	●	●	●	○	○	○	○	○	●	●	●
Bananen	●	●	●	●	●	●	●	●	●	●	●	●
Birnen	●	○	○	○	○	○	○	●	●	●	●	●
Brombeeren	○	○	○	○	○	○	●	●	●	○	○	○
Cranberrys	●	○	○	○	○	○	○	○	○	●	●	●
Erdbeeren	○	○	○	●	●	●	●	●	○	○	○	○
Granatapfel	○	○	●	●	●	●	●	●	●	●	●	●
Grapefruits	●	●	●	○	○	○	○	○	○	○	○	●
Heidelbeeren	○	○	○	○	○	○	●	●	○	○	○	○
Himbeeren	○	○	○	○	○	○	●	●	●	○	○	○
Honigmelonen	○	○	○	○	○	○	●	●	●	●	○	○
Johannisbeeren	○	○	○	○	○	○	○	●	●	○	○	○
Kirschen	○	○	○	○	○	●	●	●	○	○	○	○
Kiwis	●	●	●	●	●	●	●	●	●	●	●	●
Kumquats	●	●	●	○	○	○	○	○	●	●	●	●
Mangos	○	○	○	○	●	●	○	○	○	○	○	○
Mandarinen	●	●	○	○	○	○	○	○	○	○	●	●
Clementinen	●	●	○	○	○	○	○	○	○	○	●	●
Satsumas	●	●	○	○	○	○	○	○	○	○	●	●
Mirabellen	○	○	○	○	○	○	○	●	●	○	○	○
Nektarinen	○	○	○	○	○	○	●	●	○	○	○	○
Orangen	●	●	●	●	○	○	○	○	○	●	●	●
Pfirsiche	○	○	○	○	○	●	●	●	○	○	○	○
Pflaumen	○	○	○	○	○	○	●	●	●	○	○	○
Rhabarber	○	○	○	○	●	●	○	○	○	○	○	○
Wassermelone	○	○	○	○	○	●	●	●	●	○	○	○
Weintrauben	○	○	○	○	○	○	●	●	●	●	●	○
Zitronen	●	●	●	●	●	●	●	●	●	●	●	●
Zwetschgen	○	○	○	○	○	○	●	●	●	○	○	○
SALATE												
Batavia-Salat	○	○	○	○	●	●	●	●	●	○	○	○
Chinakohl	●	●	●	○	○	○	○	○	●	●	●	●
Eichblattsalat	○	○	●	●	●	●	●	●	●	●	○	○
Eisbergsalat	○	○	●	●	●	●	●	●	●	●	○	○
Feldsalat	●	●	○	○	○	○	○	○	●	●	●	●

● Hauptsaison

○ Keine Saison bzw. Nebensaison

JAN.
FEB.
MÄRZ
APRIL
MAI
JUNI
JULI
AUG.
SEPT.
OKT.
NOV.
DEZ.
Lollo rosso
Kopfsalat
Radicchio
GEMÜSE
Auberginen
Blumenkohl
Bohnen, grün
Brokkoli
Champignons
Chicorée
Erbsen
Fenchel
Frühlingszwiebeln
Grünkohl
Kartoffeln
Knoblauch
Kohlrabi
Kürbis
Lauch
Mangold
Meerrettich
Möhren
Paprikaschoten
Rettich/Radieschen
Rosenkohl
Rote Beten
Rotkohl
Salatgurken
Spargel
Spinat
Spitzkohl
Staudensellerie
Tomaten
Weißkohl
Wirsing
Zucchini
Zuckerschoten
Zwiebeln

FRÜHSTÜCK

Morgens essen? Aber klar.
Frühstück nach den Rezepten auf den nächsten
Seiten geht schnell, macht wach, schmeckt
gut und kostet weniger, weil man zu Hause isst.
Großer Vorteil: keine Kleider- und Sitzordnung.
Und: Müsli, Smoothies & Eiergerichte
machen glücklich, retten den Vormittag und
sorgen für reife Leistungen.

DAS WICHTIGSTE beim Bircher-Müsli ist eine ausreichende Quellzeit: so werden die Getreideflocken weich, nehmen die Fruchtaromen gut auf und sind zugleich leicht verträglich.

BIRCHER-MÜSLI MIT FRISCHEN FRÜCHTEN

Für 1 Person
50 g Bircher-Müsli (Supermarkt)
1 EL gehackte Haselnüsse oder Mandeln
½ EL Honig
50 ml lauwarme Milch
1 EL Joghurt
¼ reife Banane
je 3 grüne und blaue Weintrauben
etwas Honig

Zubereitung: 5 Min.
Quellzeit: 30 Min. oder über Nacht
Pro Portion ca. 370 kcal
7 g EW, 14 g F, 53 g KH

1. Das Müsli mit den Nüssen und Honig in eine kleine Schüssel geben. Mit der lauwarmen Milch übergießen. Den Joghurt dazugeben, alles kurz durchmischen und für 30 Min. oder auch über Nacht (im Kühlschrank) quellen lassen.
2. Nach der Quellzeit alles noch einmal gut durchrühren. Die Banane schälen und in Scheiben schneiden. Die Trauben waschen, halbieren und gegebenenfalls die Kerne entfernen. Die Früchte unter das Müsli heben. Nach Belieben mit Honig nachsüßen und kühl servieren.

TIPP **Das Bircher-Müsli ist ein Frühstücks-Klassiker, sehr gesund, nahrhaft und hält lange vor. Es lässt sich ausgezeichnet auf Vorrat zubereiten. Die Zutatenmenge dazu einfach verdoppeln oder verdreifachen und das Müsli im Kühlschrank aufbewahren.**

SCHOKO-BANANEN-MÜSLI

Für 1 Person
10 g Schokolade (Sorte nach Belieben)
50 g Fünfkornmüsli
25 g getrocknete Bananenscheiben (Reformhaus, Supermarkt)
25 g Cornflakes
100 ml kalte Milch
½ Pck. Vanillezucker

Zubereitung: 5 Min.
Pro Portion ca. 450 kcal
9 g EW, 19 g F, 63 g KH

1. Die Schokolade auf der Vierkantreibe fein raspeln.
2. Das Fünfkornmüsli mit den Bananenscheiben, den Schokoladenraspeln und den Cornflakes in eine Schale geben und durchmischen. Die Milch und den Vanillezucker darübergeben und durchrühren.

SCHOKO-NUSS-CROISSANTS

FERTIG IN CA. 15 MIN.

Für 4 Stück

75 g gemahlene Haselnüsse oder Mandeln

3–5 Tr. Bittermandel- oder Rumaroma (edler und natürlich teurer: 3 EL Amaretto)

1 Rolle Blätterteig (ersatzweise vorgeschnittene Blätterteigdreiecke; Kühlregal)

4 EL Nuss-Nugatcreme

Außerdem

Butter oder Backpapier zum Fetten

Zubereitung (pro Stück): 7 Min.

Backzeit: 10 Min.

Pro Portion ca. 770 kcal

11 g EW, 52 g F, 62 g KH

1. Den Backofen auf 180° vorheizen.

2. Die gemahlenen Nüsse zusammen mit dem Bittermandel- oder Rumaroma bzw. dem Amaretto in eine kleine Schüssel geben und gut miteinander verrühren. Wer mag und es verträgt, kann auch etwas mehr von dem Likör dazugeben.

3. Die Blätterteigrolle mit einem Nudelholz dünn auf einer leicht bemehlten Arbeitsfläche ausrollen und halbieren. Die Hälften nochmals diagonal von einer Ecke zur anderen teilen. Vorgeschnittene Blätterteigecken ebenfalls dünn auf einer leicht bemehlten Fläche ausrollen.

4. Die Nuss-Nugatcreme 3 mm dick auf die Blätterteigdreiecke streichen und dabei 1 cm Rand frei lassen.

5. Jeweils 1 EL der Nussmischung in die untere Mitte eines Teigdreiecks geben. Den Teig an den Außenspitzen fassen und zusammenrollen. Zum Schluss die äußeren Enden etwas zusammendrücken, das Hörnchen leicht zu einem Halbmond formen und auf ein gefettetes oder mit Backpapier ausgelegtes Backblech legen.

6. Die Schoko-Nuss-Croissants 10 Min. im Ofen (mittlere Schiene) goldbraun backen. Herausnehmen und so heiß wie möglich servieren.

BEIM ZUSAMMENROLLEN der Teigdreiecke darauf achten, dass die Croissants nicht zu fest aufgedreht werden. Anschließend die Gebäckstücke leicht halbmondförmig formen.

CRÊPES NACH GUSTO

Für 4 Crêpes	
Für den Teig	
1 Ei	
100 ml Milch	
100 ml Mineralwasser mit Kohlensäure	
80 g Mehl	
1 Prise Salz	
1 Prise Zucker	
2 TL Öl	
Für die Füllung	
100 g gekochter Schinken	
150 g gehobelter Käse (z. B. Emmentaler oder Gouda, auch als Scheiben)	

Zubereitung: 5 Min.
Quellzeit: 5 Min.
Backzeit (pro Stück): ca. 3 Min.
Pro Portion ca. 316 kcal
20 g EW, 18 g F, 18 g KH

1. Ei, Milch, Mineralwasser, Mehl, Salz und Zucker zu einer glatten sämigen Masse verrühren und 5 Min. quellen lassen. Anschließend nochmals kurz durchrühren.
2. Den Schinken klein würfeln und mit dem Käse bereitstellen. Die Pfanne auf mittlere Hitze erhitzen, ½ TL Öl hineingeben und darin verteilen. Eine Schöpfkelle voll Teig in die Pfanne geben und darin verlaufen lassen. Sobald sich der Teig vom Rand löst, die Crêpe vorsichtig mit einem Pfannenheber anheben und prüfen, ob sie goldbraun ist. Dann die Crêpe wenden.
3. Schinken und Käse auf einer Crêpehälfte der Crêpe verteilen und den Käse etwas schmelzen lassen. Die andere Seite darüberlegen und auf einen Teller geben.

TIPP **Ersatzweise schmecken als Füllung 100 Gramm gewürfelte Salami mit 50 Gramm gehobeltem Parmesan. Als süße Variante verwendet man einen saftigen Apfel (z. B. Gala oder Pink Lady), gewürfelt und gewürzt mit 2 Teelöffel Zimt und 3 Esslöffel Amaretto. Für süße Crêpes den Teig fertig backen, auf einen Teller legen, mit dem Obst belegen und zusammenrollen.**

PANCAKES

Für 2 Personen
Ergibt 4–8 Stück

- 2 Eier
- 200 ml Milch
- 50 ml Mineralwasser mit Kohlensäure
- 80 Quark
- 260 g Mehl
- 1 TL Backpulver | 1 Pck. Vanillezucker
- 1 Prise Salz | 2–4 EL Öl
- 4–8 EL Ananaswürfel (Dose)
- 10 Erdbeeren
- 3–4 EL Honig oder Zuckerrübensirup
- 2 EL Puderzucker

Außerdem
eine runde Ausstechform (8 cm Ø, 2–2,5 cm hoch)

FÜR JEDEN FRÜHSTÜCKSGESCHMACK ETWAS DABEI: FRUCHTIG-SÜSS ODER HERZHAFT-PIKANT.

Zubereitung: ca. 5 Min.
Quellzeit: 20 Min.
Backzeitzeit (pro Stück): 3–5 Min.
Pro Portion ca. 1040 kcal
30 g EW, 34 g F, 156 g KH

1. Die Eier in eine Schüssel aufschlagen und mit Milch, Mineralwasser, Quark, Mehl, Backpulver, Vanillezucker und Salz gut verrühren. Den Teig zum Quellen 20 Min. beiseitestellen.

2. Dann den Teig kurz durchrühren. Die Pfanne erhitzen, die Ausstechform in die Pfanne legen, ½ TL Öl in den Ring geben und so viel Teig hineingießen, dass der Rand bis zur Hälfte bedeckt ist. Den Pancake 3–5 Min. bei mittlerer Hitze goldbraun backen; dann wenden.

3. Die übrigen Pancakes ebenso zubereiten. Noch heiß auf einen Teller legen. Die Ananaswürfel in einem Sieb abtropfen lassen. Die Erdbeeren waschen, putzen und würfeln. Je 1 EL Ananas- und Erdbeerstücke auf und um je ein Küchlein legen. Nach Geschmack mit Honig begießen und Puderzucker bestäuben.

1
3

2
4

Schnell gemacht und trotzdem raffiniert und fein: für Solisten oder zu zweit, im Bett genossen oder am Schreibtisch, nach einer langen Nacht oder für ein Brunch mit Freunden.

KRÄUTER-DIP *MIT ROHKOSTSTICKS (1)*

Für 1 Frühstück

1 Bund gemischte frische Kräuter (z. B. Petersilie, Schnittlauch, Kerbel, Dill oder ersatzweise 1 Pck. gemischte TK-Kräuter)
1 TL frisch gepresster Zitronensaft
200 g Hüttenkäse
Salz | schwarzer Pfeffer aus der Mühle
½ Salatgurke oder Gartengurke
2 Möhren
5 Kirschtomaten

Zubereitung: ca. 5 Min.
Pro Portion ca. 255 kcal
38 g EW, 7 g F, 17 g KH

1. Die Kräuter waschen, trocken schütteln und fein schneiden. Mit Zitronensaft und Hüttenkäse zu einer glatten Creme verrühren und diese mit Salz und Pfeffer abschmecken.
2. Die Gurke und die Möhren schälen und in dünne Streifen schneiden. Die Tomaten waschen und klein schneiden. Die Rohkoststicks in den Kräuterfrischkäse dippen und genießen.

RÜHREIER *MIT SPECK (2)*

Für 1 Person

1 TL Butter
5 Scheiben Bacon (Frühstücksspeck)
3 Eier
2 TL süßer Senf
1 TL Tomatenmark
Salz | schwarzer Pfeffer aus der Mühle

Zubereitung: ca. 8 Min.
Pro Portion ca. 940 kcal
54 g EW, 76 g F, 3 g KH

1. Die Butter in einer heißen Pfanne schmelzen lassen und darin verteilen. Die Speckstreifen nebeneinander in die Pfanne legen und darin kross von beiden Seiten anbraten.
2. Inzwischen die Eier in einer Schüssel aufschlagen und gründlich mit dem Senf und dem Tomatenmark verquirlen.
3. Den fertigen Speck aus der Pfanne nehmen und auf einem Küchenpapier entfetten. Die Eiermischung in die Pfanne geben und stocken lassen. Dabei immer wieder mit einem Bratenschieber durchrühren und mit Salz und Pfeffer abschmecken.
4. Nach 6 Min. sollten die Eier fertig sein. Das Rührei auf einen Teller heben, die Speckstreifen darüberlegen und evtl. Petersilie darüberstreuen.

TIPP **Wer es etwas üppiger mag, kann noch geriebenen Käse über das Rührei geben. Für einen pikanten Frische-Kick**

sorgen fein gehackte Frühlingszwiebeln. Beide Eierrezepte, die „Eier im Glas" und das Rührei schmecken natürlich auch hervorragend zum Abendessen.

SHRIMPSQUARK *AUF TOAST (3)*

Für 2 Toasts
50 g Shrimps in Salzlake (ersatzweise TK)
1 Dillzweig
Saft von 1/2 Zitrone
1 Msp. Sahnemeerrettich
125 g Sahnequark
Salz | schwarzer Pfeffer aus der Mühle
2 Scheiben Toastbrot

Zubereitung (pro Stück): 5 Min.
Pro Portion ca. 190 kcal
13 g EW, 9 g F, 12 g KH

1. Die Shrimps auftauen bzw. in einem Sieb abtropfen lassen; dann mit Küchenpapier trocken tupfen.
2. Den Dill waschen, trocken schütteln und fein schneiden. Mit Zitronensaft, Sahnemeerrettich und Quark zu einer glatten Creme verrühren. Die Shrimps unterheben und den Quark mit Salz und Pfeffer abschmecken.
3. Das Brot toasten oder in einer fettfreien Pfanne auf beiden Seiten rösten und mit dem Shrimpsquark bestreichen.

EIER IM GLAS (4)

Für 1 Person
1 Scheibe gekochter Schinken
2 Eier
Salz | schwarzer Pfeffer aus der Mühle
2 Scheiben Toast (ersatzweise Weißbrot oder Vollkornbrot)
Außerdem
ein Einmachglas mit Deckel

Zubereitung: ca. 12 Min.
Pro Portion ca. 345 kcal
27 g EW, 18 g F, 20 g KH

1. Den Schinken mit einem scharfen Messer in kleine Würfel schneiden. Die Eier in das Einmachglas aufschlagen und gründlich mit einer Gabel verquirlen.
2. Die Schinkenwürfel mit dem Ei verrühren und mit Salz und Pfeffer würzen. Das Glas mit dem Deckel verschließen und in einen Topf mit kaltem Wasser stellen. Dabei sollte das Wasser so weit reichen, dass die Eier im Glas bedeckt sind. Das Wasser bei starker Hitze zum Kochen bringen und etwa 7 Min. kochen, bis das Ei stockt.
3. Inzwischen das Brot toasten. Wer keinen Toaster hat, kann das Brot auch auf beiden Seiten bei mittlerer Hitze in einer fettfreien Pfanne rösten. Das fertige Ei mit dem Röstbrot servieren.

SÜSSES FRÜCHTEBROT

Für 1 Laib
500 g Weizenmehl (Type 1050)
1 Pck. Trockenhefe (9 g)
1 TL Salz
250 ml kaltes Wasser
100 g getrocknete Pflaumen oder Aprikosen
100 g ganze Haselnüsse oder Mandeln
3 EL Ahornsirup oder Honig
Butter zum Fetten
Außerdem
Backblech (Standard)

Zubereitung: 20 Min.
Ruhezeit: ca. 45 Min.
Backzeit: 1 Std. 30 Min.
Pro Portion ca. 180 kcal
5 g EW, 5 g F, 29 g KH

1. Das Mehl in eine große Schüssel sieben. Die Trockenhefe und das Salz daruntermischen. Nach und nach das kalte Wasser dazugießen. Zuerst mit dem Kochlöffel verrühren, danach mit den Händen oder dem Handrührgerät mit Knethaken zu einem glatten Teig vermischen; bei Bedarf noch etwas kaltes Wasser zufügen. Den Teig in der Schüssel ca. 10 Min. kneten.

2. Pflaumen oder Aprikosen sehr klein würfeln und mit den Nüssen und dem Sirup bzw. dem Honig unter den Teig kneten. Sollte der Teig zu feucht sein, noch 1–2 EL Mehl zugeben. Der Teig soll geschmeidig, aber nicht klebrig sein. Den Teig zu einer Kugel formen und mit einem Küchentuch abgedeckt 30 Min. gehen lassen.

3. Den Backofen auf 200° vorheizen. Ein Backblech fetten. Den Teig nochmals durchkneten, zu einem Laib formen und auf das Blech legen. Das süße Vollkornbrot 1 Std. 30 Min. im Ofen (mittlere Schiene) backen.

TIPP **Ohne süße Zutaten kann man den Brotteig nach Geschmack auch mit 4 bis 5 Rosmarinzweigen oder 100 Gramm Kürbiskernen pikant verfeinern.**

ALLEIN DER DUFT nach frisch gebackenem Brot lohnt die Mühe. Dabei schmeckt das Früchte- oder Kräuterbrot nicht nur morgens, sondern stillt auch bestens den kleinen Hunger.

FERTIG
IN CA.
5 MIN.

TOAST HAWAII

Für 1 Person
Ergibt 2 Stück
2 Toastscheiben
2 Scheiben gekochter Schinken
2 Ananasscheiben (Dose)
2 Scheiben Schmelzkäse
(ersatzweise eine andere Käsesorte)

Zubereitung (pro Stück): ca. 5 Min.
Backzeit: 7 Min.
Pro Portion ca. 435 kcal
32 g EW, 15 g F, 43 g KH

1. Den Backofen auf 180° vorheizen.
2. Die Toastscheiben in einer fettfreien Pfanne oder im Toaster auf beiden Seiten knusprig braun rösten.
3. Die Toastscheiben jeweils mit 1 Scheibe Schinken belegen. Ananas im Sieb abtropfen lassen. Je 1 Scheibe auf den belegten Toast geben und zuletzt je 1 Scheibe Käse darüberlegen.
4. Den Toast auf einen Rost legen und im Ofen (2. Schiene von unten) überbacken.

TIPP **Besonders pikant wird der Toast, wenn man jeweils eine Seite mit 1 Teelöfel Sambal oelek bestreicht.**

STRAMMER MAX

Für 1–2 Personen
2 Scheiben Bauernbrot
Butter zum Bestreichen
4 Scheiben geräucherter Schinken
(z. B. Südtiroler)
1 TL Öl
2 Eier
Salz | schwarzer Pfeffer aus der Mühle

Zubereitung: ca. 5 Min.
Pro Portion ca. 450 kcal
18 g EW, 32 g F, 24 g KH

1. Die Brotscheiben mit etwas Butter bestreichen und mit jeweils 2 Scheiben Schinken belegen.
2. Das Öl in einer Pfanne nicht zu heiß werden lassen, die Eier darin aufschlagen und in ca. 2 Min. zu Spiegeleiern braten. Sobald das Eiweiß fest ist, das Spiegelei mit dem Bratenschieber auf das Schinkenbrot legen. Nur leicht salzen und pfeffern, da der Schinken schon recht würzig ist, und warm servieren.

TIPP **Wer Käse mag oder besonders großen Hunger hat, kann auf den mit Schinken belegten Toast noch 1 bis 2 Scheiben Käse legen und das Spiegelei erst anschließend darübergeben.**

FERTIG
IN CA.
5 MIN.

TOMATEN-BRUSCHETTA

Für 1–2 Personen	
ergibt 4 Stück	
6 Kirschtomaten	
½ Zwiebel	
1–2 EL Olivenöl	
Salz | schwarzer Pfeffer aus der Mühle	
4 Scheiben Baguette	
1 Knoblauchzehe	
4 Basilikumblätter zur Dekoration	

Zubereitung: ca. 5 Min.
Backzeit: 5 Min.
Pro Portion ca. 260 kcal
5 g EW, 11 g F, 37 g KH

1. Die Strünke der Kirschtomaten abschneiden. Die Tomaten waschen, dann zwischen Daumen und Zeigefinger den Saft ausdrücken. Das Fruchtfleisch in Würfel schneiden und in eine kleine Schüssel geben.
2. Die Zwiebel abziehen, fein hacken und zusammen mit dem Olivenöl dazugeben. Mit Salz und Pfeffer abschmecken.
3. Baguette kurz in einer Pfanne ohne Fett von beiden Seiten rösten oder – sofern der Backofen über Grillfunktion verfügt – auf den Rost legen (oberste Schiene) und für 2 bis 5 Min. bei höchster Grillstufe in den Ofen schieben. Die Scheiben sollten beim Herausnehmen leicht gebräunt sein.
4. Den Knoblauch halbieren und die Brotscheiben damit einreiben. Die Tomaten-Mischung daraufgeben und die Bruschetta mit den Basilikumblättern garnieren.

TIPP **Knoblauch ist Mittelmeeraroma pur, trotzdem kann der Duft der gesunden Knolle auch einsam machen. Bei einem Date deshalb dafür sorgen, dass die Person, mit der man verabredet ist, auch Knoblauch verzehrt. Die klassisch-italienische Vorspeise ist eine erfrischende, vegetarische Frühstücksvariante.**

SESAMBRÖTCHEN MIT FRISCHKÄSE

Für 1 Person
1 Sesambrötchen
2 EL Frischkäse
1 Frühlingszwiebel
3 Radieschen
Salz | schwarzer Pfeffer aus der Mühle

Zubereitung: ca. 5 Min.
Pro Portion ca. 200 kcal
7 g EW, 5 g F, 30 g KH

1. Das Sesambrötchen mit einem Messer halbieren und jede Hälfte mit jeweils 1 EL Frischkäse bestreichen.
2. Die Frühlingszwiebel waschen und den hellgrünen Teil in möglichst dünne Scheiben schneiden. Radieschen ebenfalls waschen, putzen und in Spalten schneiden. Frühlingszwiebel und Radieschen auf den beiden Brötchenhälften verteilen und mit etwas Salz und Pfeffer verfeinern.

KATER-FRÜHSTÜCK

Die Nacht war viel zu kurz, lauter Sound, viel getanzt und geredet, alkoholische Getränke und weitere Genussgifte waren unter Umständen auch mit im Spiel. Das Erinnerungsvermögen ist jedenfalls leicht getrübt. Um jetzt wieder auf die Beine zu kommen, den Magen zu beruhigen und den Kopf klar zu bekommen, sind Feingefühl, Aspirin und etwas Nahrhaftes gefragt, das schnell zuzubereiten ist und vor allem rasch Wirkung zeigt. Danach noch eine Runde um den Block laufen, viel Wasser trinken, und alles ist wieder gut!

ESTRAGON-GURKEN-SHAKE

Für 1 Portion

Ergibt ca. 350 ml

½ Salatgurke oder 1 kleine Gartengurke
Salz
2 frische Estragonzweige (oder Petersilie)
200 ml Milch | 100 g Naturjoghurt
schwarzer Pfeffer aus der Mühle

Zubereitung: ca. 7 Min.

Pro Portion ca. 275 kcal
8 g EW, 17 g F, 18 g KH

1. Die Gurke schälen und grob hobeln. Die Gurkenraspel salzen, 2 Min. ziehen lassen und in einem Sieb ausdrücken.
2. Den Estragon waschen, trocken schütteln, die Blättchen abzupfen und fein schneiden. Die Milch mit dem Joghurt mischen. Gurkenraspel und Estragon untermischen und salzen und pfeffern.

SCHNELLE TOMATENSUPPE

Für 1 Portion

Ergibt ca. 250 ml

10 frische Basilikumblätter
240 ml Pizza-Tomaten (Dose)
Salz | schwarzer Pfeffer aus der Mühle
1 TL Crème fraîche (ersatzweise Joghurt)

Zubereitung: 10 Min.

Pro Portion ca. 80 kcal
3 g EW, 4 g F, 7 g KH

1. Die Basilikumblätter waschen, trocken tupfen und fein schneiden.
2. Die Tomatenwürfel in einen kleinen Topf geben und zum Kochen bringen. Den Topf vom Herd ziehen, das Basilikum zu den Tomaten geben und im Mixer oder mit dem Pürierstab zerkleinern. Die Suppe mit etwas Salz und Pfeffer abschmecken, in einen Teller oder ein festes Glas füllen und die Crème fraîche darübergeben.

SMOOTHY

Für 2 Portionen

ca. 100 g frische Beeren (z. B. Erdbeeren, Heidelbeeren, Brombeeren oder Himbeeren)
400 ml Milch
2 probiotische Milchgetränke (à 100 g, Supermarkt)
150 g Fruchtjoghurt (nach Belieben)
etwas Honig oder Vanillezucker

Zubereitung: 5 Min.

Pro Portion ca. 350 kcal
9 g EW, 20 g F, 31 g KH

1. Die Beeren im Sieb kalt abspülen. 2 schöne Exemplare für die Dekoration beiseitelegen. Die Milch mit den Milchgetränken, Fruchtjoghurt und Beeren mixen.
2. Mit Honig oder Vanillezucker abschmecken. Den Smoothy in 2 Gläser füllen und mit den Beeren dekorieren.

OHNE BESTECK

Keine Lust auf Metzger-, Bäcker-
oder Burger-Fastfood?
Besser schmecken selbst gemachte Kleinigkeiten
auf die Hand.
Die lassen sich super vorbereiten und
schonen den Geldbeutel.
Clubsandwiches,Tex-Mex-Wraps & Co. sind die
(Mit-)Bringer für Feste und Partys
und der ideale Feinschmeckerproviant
für zwischendurch.

FERTIG
IN CA.
7 MIN.

CLUBSANDWICH

Für 2 Stück

2 Salatblätter (z. B. Romana)
4 Toastscheiben
2 EL Mayonnaise
2 Scheiben gekochter Schinken
2 Scheiben Käse (z. B. Gouda, Emmentaler)

Außerdem

Zahnstocher oder kleine Holzspießchen

Zubereitung: 7 Min.

Pro Portion ca. 340 kcal
20 g EW, 21 g F, 19 g KH

1. Die Salatblätter waschen und trocken schütteln. Die frischen Toastscheiben dünn mit Mayonnaise bestreichen. Dann auf 2 der bestrichenen Brotscheiben zuerst je 1 Scheibe Schinken, dann je 1 Scheibe Käse und 1 Salatblatt legen.
2. Mit jeweils 1 unbelegten Toastscheibe bedecken. Leicht zusammendrücken, die Sandwiches diagonal in 2 gleich große Dreiecke schneiden und jeweils mit einem Zahnstocher fixieren.

TIPP **Statt der Mayonnaise ersatzweise Ketchup oder/und Senf oder ein rotes Tomaten-Pesto (Seite 54) verwenden.**

ROASTBEEF-SANDWICH

Für 1 Person

1 TL mittelscharfer Senf
2 TL Mayonnaise
½ TL Kräuter der Provence
Salz
schwarzer Pfeffer aus der Mühle
1 langes Baguettebrötchen
4 Scheiben Roastbeef
1 kleine Essiggurke

Zubereitung: 7 Min.

Pro Portion ca. 520 kcal
27 g EW, 22 g F, 57 g KH

1. Den Senf mit der Mayonnaise und den Kräutern der Provence verrühren. Mit Salz und Pfeffer abschmecken.
2. Das Baguettebrötchen aufschneiden. Eine Hälfte mit dem Roastbeef belegen und die Sauce darüberstreichen. Die Essiggurke halbieren und darauflegen. Mit der anderen Baguettehälfte zudecken.

TIPP **Noch schneller geht es so: Statt der selbst gemachten Sauce ersatzweise fertige Remouladensauce aus dem Supermarkt als Aufstrich verwenden.**

LUXUS-BAGUETTE

Für 1–4 Personen

3 EL Kräuterfrischkäse
2 EL Ketchup
1 TL mittelscharfer Senf
schwarzer Pfeffer aus der Mühle
evtl. etwas Frischkäse, Sahne oder Milch
1 Baguette
150 g dicke Salamischeiben
3 Tomaten
½ gelbe Paprika
200 g geriebener Käse (z. B. Gouda)

Zubereitungszeit: 7 Min.

Backzeit: 7–10 Min.
Pro Portion ca. 500 kcal
25 g EW, 30 g F, 32 g KH

1. Den Backofen auf 200° vorheizen.
2. Den Kräuterfrischkäse mit dem Ketchup und Senf in einer Schüssel mischen und mit etwas Pfeffer würzen – schmeckt die Creme zu intensiv oder scharf, etwas neutralen Frischkäse, Sahne oder auch Milch unterrühren.
3. Das Baguette halbieren. Eine Hälfte mit der Creme bestreichen und mit Salamischeiben belegen.
4. Die Tomaten waschen und abtrocknen. Die Strünke herausschneiden, die Früchte in dünne Scheiben schneiden und auf den Salamischeiben verteilen. Die Paprika waschen, putzen, in Würfel schneiden und auf dem Baguette verteilen. Den Käse darüberstreuen.
5. Die belegten Baguettehälfte 7 Min. im Ofen (mittlerer Einschub) überbacken. Sobald der Käse verlaufen ist, herausnehmen und mit der zweiten Brothälfte bedecken. Das Luxus-Baguette zum Servieren in Scheiben aufschneiden.

STEAK-SANDWICH

Für 2 Stück

1 rote Zwiebel
100 g Champignons (oder Pilze der Saison, z. B. Pfifferlinge)
3 EL Olivenöl
Salz
schwarzer Pfeffer aus der Mühle
1 Rosmarinzweig
100 ml trockener Rotwein
2 Baguettebrötchen
2 EL Öl
2 Schweinesteaks (Halsgrat à 250 g)

Zubereitung: 20 Min.

Pro Portion ca. 760 kcal
62 g EW, 38 g F, 36 g KH

1. Den Backofen auf 100° vorheizen.
2. Die Zwiebel abziehen und in feine Scheiben schneiden. Die Champignons mit Küchenpapier putzen und in dünne Scheiben schneiden. Olivenöl in einer Pfanne erhitzen und die Pilze darin anrösten. Mit 1 Prise Salz und etwas Pfeffer würzen.

DA LÄSST MAN JEDEN BURGER STEHEN: HERZHAFTE SANDWICHES, DIE WIRKLICH SCHMECKEN.

3. Den Rosmarinzweig waschen, trocken schütteln und 1 Min. mitrösten. Mit Rotwein ablöschen und einkochen, bis die Flüssigkeit fast vollständig verdampft ist. Den Zweig entfernen und die Pilz-Zwiebel-Mischung auf einem Teller im Backofen warm halten. Die Pfanne mit einem Küchenpapier nur grob auswischen, sodass die Aromen erhalten bleiben.

4. Die Brötchen aufschneiden und auf den Innenseiten kurz in der Pfanne anrösten. Herausnehmen und beiseitestellen.

5. Das restliche Öl in einer Pfanne erhitzen und die Steaks von beiden Seiten bei mittlerer Hitze und in 3–5 Min. kross braten und mit Salz und Pfeffer würzen. Je 1 geröstete Baguettehälfte mit 1 Steak belegen, die Pilzmischung darübergeben und mit der zweiten Brötchenhälfte bedecken.

TEX-MEX-WRAPS

FERTIG IN CA. 35 MIN.

Für 4 Stück
1 Zwiebel (am besten eine rote)
1 EL Öl
150 g gemischtes Hackfleisch
2 Lorbeerblätter
1 rote Paprika
100 g Mais (Dose)
½ Tube Tomatenmark
Salz
schwarzer Pfeffer aus der Mühle
1–4 Prisen Cayennepfeffer
4 Weizentortillas (Ø ca. 20 cm, Supermarkt)
4 EL Frischkäse
200 g geriebener Käse (z. B. Gouda)
Außerdem
1 Portion Guacamole (siehe Seite 71)

Zubereitung: ca. 35–40 Min.
Pro Portion ca. 670 kcal
28 g EW, 42 g F, 47 g KH

1. Die Zwiebel abziehen und fein würfeln. Das Öl erhitzen und das Hackfleisch mit den Zwiebeln und dem Lorbeer braten.

2. Die Paprika waschen, putzen und in Würfel schneiden. Die Paprikawürfel, den abgetropften Mais und das Tomatenmark zum Fleisch geben. Mit Salz, Pfeffer und Cayennepfeffer pikant würzen. Durchrühren und bei schwacher Hitze ca. 10 Min. garen. Dann die Lorbeerblätter entfernen.

3. Die Tortillas von beiden Seiten leicht in einer fettfreien Pfanne oder im Ofen bei 100° (mittlerer Einschub) erwärmen.

4. Eine Tortilla auf eine Arbeitsfläche legen und ein Viertel davon mit Frischkäse sowie das Viertel daneben mit Guacamole bestreichen. Etwas Hackfleisch auf das mittlere, bestrichene Drittel der Tortilla geben und den Käse darüberstreuen. Die leere Hälfte darüberklappen. Den linken Zipfel zur Mitte falten und den rechten darüberlegen. Eine Papierserviette oder ein Küchenpapier um den Wrap wickeln und je 1 TL Frischkäse, Guacamole und etwas geriebenen Käse darüberstreuen. Die übrigen Wraps ebenso zubereiten.

AUF DIE FÜLLUNG kommt es an und dann – den richtigen Dreh beim Wickeln finden. Pikant gewürztes Hackfleisch mit Käsetopping: Viva Mexico!

SCHINKEN-RUCOLA-WRAPS

Für 4 Stück

4 Weizentortillas (Ø ca. 20 cm; Supermarkt)
1 Bund Rucola
2 Mozzarella-Kugeln
4 gehäufte TL Basilikum-Pesto
8 Scheiben geräucherter Schinken (edler und natürlich teurer: luftgetrockneter Schinken)
einige Spritzer Balsamico-Essig

Zubereitung: 10 Min.

Pro Portion ca. 515 kcal
32 g EW, 25 g F, 40 g KH

1. Die Weizentortillas 1 Min. von jeder Seite in der trockenen Pfanne erwärmen oder auf einen Rost legen und bei ca. 100° (mittlere Schiene) im Ofen erhitzen. Eine kleine Schüssel mit Wasser darunterstellen, so werden die Tortillas nicht trocken.
2. Den Rucola waschen und trocken schütteln. Den Mozzarella würfeln und in 4 Portionen teilen. Die Tortillas nach ca. 5 Min. herausnehmen und jeweils die obere Hälfte mit je 1 gehäuftem TL Pesto bestreichen und 2 Scheiben Schinken belegen. Darüber je 1/4 des Rucola und die Hälfte des Mozzarella geben.
3. Die leere Tortillahälfte darüberlegen und den Wrap von links nach rechts einrollen. Mit ein paar Spritzern Balsamico-Essig verfeinern. Die übrigen Wraps auf dieselbe Weise zubereiten.

TIPP **Warm schmecken die Wraps auch sehr gut. Zum Erwärmen um jeden Wrap etwas Alufolie wickeln, sodass sie nicht auseinanderfallen und sie für 5 bis 10 Min. bei 130° (mittlere Schiene) auf einem Rost im Ofen erwärmen.**

TOMATEN-MUFFINS

Für 12 Stück

1 rote Zwiebel
150 ml eingelegte Tomaten (Glas à 200 ml)
100 g Sahne
150 g Mehl
100 g geriebener Käse
2 TL Backpulver
50 ml Olivenöl
2 Eier
100 g Quark (40% Fett)
Salz | schwarzer Pfeffer aus der Mühle

Außerdem

Muffinform mit 12 Mulden
Fett für die Form

Zubereitung: 20 Min.

Backzeit: 25 Min.
Pro Portion ca. 205 kcal
7 g EW, 13 g F, 15 g KH

FEIN UND MIT BISS: DIE ITALIENISCHE WRAP-VARIANTE UND PIKANTE MUFFINS MIT TOMATEN.

1. Den Backofen auf 200° vorheizen. Die Form einfetten.
2. Die Zwiebel abziehen und in dünne Scheiben schneiden. Einige davon zur Garnitur beiseitelegen. Die abgetropften getrockneten Tomaten in Streifen schneiden. Zwiebeln und Tomaten in einer Pfanne 5 Min. anrösten und vom Herd nehmen.
3. In einer Schüssel die Sahne mit dem Mehl, dem geriebenen Käse, dem Backpulver, dem Olivenöl, den Eiern und dem Quark verrühren. Die Zwiebel-Tomaten-Mischung unterziehen und noch mit Salz und Pfeffer würzen.
4. Die Masse in der Form verteilen und für 25 Min. in den Backofen geben (mittlere Schiene). Die Muffins nach dem Herausnehmen etwas abkühlen lassen, herauslösen, mit Zwiebelringen garnieren und warm oder kalt servieren.

TIPP **Im Herbst passen zu diesen kleinen Leckereien ein Federweißer oder auch ein Beaujolais. Noch ein kleiner Salat dazu und man hat nicht nur etwas für unterwegs, sondern auch eine schöne Vorspeise oder sogar ein Hauptgericht.**

PARTYZEIT

Geplant oder spontan, zur Wohnungs- oder WG-Einweihung, bestandenen Zwischenprüfung, Diplom, Bachelor oder Magister, zum Geburtstag – oder weil es gar keinen Anlass braucht: Feste und Partys feiern macht Spaß und sollte mit der Studentenzeit auf keinen Fall aufhören. Damit die Feiern kulinarisch in bester Erinnerung bleiben und zudem eine gute Grundlage für den ein oder anderen Drink geschaffen wird, sind die Rolls auf der nächsten Seite bestens geeignet.

FINGERFOOD-ROLLS

Die Zutaten des Crêpe-Rezepts auf Seite 20 verdreifachen und die Crêpes, wie beschrieben, als Grundlage zubereiten.

LACHS-RUCOLA-ROLLS

Für 4 Stück
1 Bund Rucola
3–4 EL Sahnemeerrettich
200 g Räucherlachsaufschnitt
Zubereitung (Füllung): 5 Min.
Pro Portion ca. 195 kcal
15 g EW, 14 g F, 0 g KH

1. Den Rucola waschen, trocken schütteln und in 4 Portionen teilen. 1 Crêpe mit 1 EL Meerrettich bestreichen. Eine Hälfte der Crêpe mit Lachs belegen und darüber etwas Rucola streuen. Die Crêpe von der belegten Seite her fest zusammenrollen, in ca. 2 cm große Stücke schneiden und 3 weitere Crêpes auf diese Weise füllen.

BIRNE-GORGONZOLA-ROLLS

Für 4 Stück
1 reife Birne
Saft von ½ Zitrone
200 g Sahne-Gorgonzola
Zubereitung (Füllung): 8 Min.
Pro Portion ca. 200 kcal
10 g EW, 16 g F, 5 g KH

1. Die Birne schälen, in ca. 1 cm hohe und breite Rechtecke schneiden und mit Zitronensaft beträufeln. Den Gorgonzola in derselben Größe zuschneiden.
2. Eine Crêpe auf der Arbeitsfläche auslegen. Auf die Mittellinie Gorgonzola- und darauf Birnenstreifen legen. Die Crêpe zusammenklappen und aufrollen. Die Spieße alle 2 cm in die Rolle stecken. Die Rolle in Stücke schneiden.

HÄHNCHEN-PESTO-ROLLS

Für 4 Stück
250 g Hähnchenbrustfilet
Salz | schwarzer Pfeffer aus der Mühle
2–3 EL Öl
4 TL Pesto
2 EL saure Sahne
Zubereitung (Füllung): 15 Min.
Pro Portion ca. 190 kcal
15 g EW, 14 g F, 0 g KH

1. Das Hähnchenbrustfilet in ca. 2 cm breite Streifen schneiden, salzen und pfeffern. Das Öl in einer Pfanne erhitzen und das Fleisch darin rundherum knusprig braten.
2. Das Pesto mit der sauren Sahne mischen. Eine Crêpe mit einem Viertel der Creme bestreichen und die Geflügelstreifen auf der gedachten Mittellinie auslegen. Die Crêpe zusammenklappen und aufrollen. Die Holzspieße im Abstand von ca. 2 cm in die Rolle stecken. Die Rolle in Stücke schneiden und servieren.

SIZILIANISCHER GEMÜSEKUCHEN

Für 1 Spring- oder Tarteform (Ø 26 cm)

2 Rollen Blätterteig (à 275 g)
½ Tube Tomatenmark
6 Eier
250 g Sahnequark
150 g geriebener Käse
1 Zucchino
2 Möhren
8 Kirschtomaten
Salz | schwarzer Pfeffer aus der Mühle
Butter zum Fetten

Zubereitung: ca. 25 Min.

Backzeit: 35–40 Min.
Pro Portion ca. 230 kcal
9 g EW, 16 g F, 13 g KH

1. Den Backofen auf 180° vorheizen. Die Springform mit Butter fetten. 1 Blätterteigrolle in die Form legen und die Ränder am Rand möglichst weit hochziehen.

2. Das Tomatenmark, 2 Eier, den Sahnequark und den Käse in einer großen Schüssel zu einer Creme verrühren.

3. Den Zucchino waschen und in dünne Scheiben schneiden. Die Möhren waschen, schälen und ebenfalls in dünne Scheiben schneiden. Die Tomaten waschen und die Früchte halbieren. Das Gemüse unter die Quarkcreme heben. Mit Salz und Pfeffer abschmecken und die Hälfte der Masse in die Form füllen.

4. Die restlichen 4 Eier wie Spiegeleier auf die Cremeschicht in der Form schlagen. Dann vorsichtig den Rest der Creme über die Eier laufen lassen. Den Gemüsekuchen mit der ausgebreiteten zweiten Blätterteigrolle abdecken. Im Ofen (mittlere Schiene) 35–40 Min. backen. Sobald der Kuchen goldbraun ist, herausnehmen und in der Form auskühlen lassen, sonst zerläuft er beim Anschneiden. Er schmeckt kalt fast noch besser.

TIPP **Wer möchte, kann Zucchini, Möhren und Tomaten auch klein würfeln – das erleichert das Vermischen mit der Creme. Aromatisch, besonders italienisch, aber eventuell nichts für enge Seminarräume: die Zugabe von 1 bis 2 Knoblauchzehen.**

NICHT NUR VEGETARIER werden vor Andacht in die Knie sinken. Der Gemüsekuchen braucht zwar etwas Übung, dann aber wird er zum Gedicht. Wichtig: Lange genug auskühlen lassen.

GEBACKENER ZIEGENKÄSE
AUF NUSSBROT

Für 2 Personen

150 g Ziegenkäserolle

8 Scheiben roher Schinken (edler und natürlich teurer: Serrano-Schinken aus Spanien)

4 Scheiben Nussbrot oder Nussbaguette

Zubereitung: 8 Min.

Backzeit: 3–8 Min.

Pro Portion ca. 845 kcal

33 g EW, 57 g F, 0 g KH

1. Den Backofen auf 250° vorheizen.
2. Den Käse in 8 etwa 1 cm dicke Scheiben schneiden. Um jedes Stück 1 Scheibe Schinken legen und oben offen lassen. Je 2 Käsestücke auf 1 Brotscheibe legen.
3. Die Brote auf ein Backblech in den Ofen schieben (oberster Einschub) und 3–8 Min. backen, bis der Käse schmilzt und der Schinken kross ist. Die Brote herausnehmen und servieren.

TIPP **Sollte kein Herd zur Verfügung stehen, die Brotscheiben je 1 Min. in der fettfreien Pfanne anrösten. Den Ziegenkäse komplett in den Schinkenmantel einwickeln und in der sehr heißen Pfanne ohne Öl von allen Seiten anbraten, bis der Käse leicht aus der Schinkenrolle herauszulaufen beginnt.**

HÄHNCHENSPIESSE
SÜSSSAUER

Für 2 Personen

Ergibt 16 Spieße

100 ml Pflanzenöl

3 EL Chilisauce (süßsauer; Supermarkt oder Asialaden)

1 EL Ketchup

2 EL Currypulver

Salz

schwarzer Pfeffer aus der Mühle

400 g Hühnerbrust

etwas Öl zum Braten

Außerdem

16 Holzspieße (Länge ca. 12 bis 15 cm)

Zubereitung: 20 Min.

Pro Portion ca. 105 kcal

6 g EW, 9 g F, 1 g KH

1. Die Holzspieße 5 Min. in warmem Wasser einweichen. Dadurch löst sich das Fleisch später besser vom Spieß.
2. Öl, Chilisauce, Ketchup und Currypulver verrühren. Die Marinade mit etwas Salz und Pfeffer abschmecken.
3. Das Fleisch in 1,5–2 cm breite Streifen schneiden und in die Marinade legen. Dann die Stücke wellenförmig auf die Spieße aufspießen und in der Pfanne in wenig Öl kross braten.

FIX AUS OFEN ODER PFANNE – NUSSBROT MIT KÄSE UND HÄHNCHENSPIESSE.

FORELLENMOUSSE

Für 2 Personen

250 g geräucherte Forellenfilets
150 g saure Sahne (besser: Schmant oder Crème fraîche)
2 EL Sahne | 1 EL Zitronensaft
Salz | schwarzer Pfeffer aus der Mühle
2 EL frischer Dill (oder TK)
1 Chicorée

Zubereitung: 10 Min.

Pro Portion ca. 295 kcal
32 g EW, 16 g F, 5 g KH

1. Die Forellenfilets von der Haut lösen, evtl. Gräten entfernen. Die Filets pürieren oder mit einer Gabel zermusen.

2. Saure Sahne, Sahne und Zitronensaft glatt verrühren. Dann das Fischmousse unterziehen und alles mit Salz und Pfeffer abschmecken. Mit dem fein geschnittenen Dill würzen.

3. Die Chicoréeblätter ablösen, waschen, trocken tupfen und auf einem Teller auslegen. In jedes Blatt etwas Mousse füllen. Sollte Forellenmousse übrig bleiben, dieses in der Mitte des Tellers anrichten.

FERTIG
IN CA.
15 MIN.

ZWETSCHGENDATSCHI
AUF QUARKTEIG

Für 1 Backblech (24 x 31 cm)

200 g Magerquark
6 EL Milch | 1 Ei
125 ml Pflanzenöl
100 g Zucker | 2 Pck. Vanillezucker
1 Prise Salz | 400 g Mehl
2 TL Backpulver
Butter zum Fetten

Für den Belag

1,5 kg frische Zwetschgen
(oder 1,3 kg TK-Zwetschgen, entsteint)
5 EL Zucker | 2 TL Zimt

Zubereitung: ca. 15 Min.

Backzeit: 45 Min.
Pro Portion ca. 270 kcal
5 g EW, 10 g F, 40 g KH

1. Den Quark gut in einem Küchenhandtuch ausdrücken und mit Milch, Ei, Öl, Zucker, Vanillezucker und Salz verrühren. Mehl und Backpulver vermischen und dazugeben. Den Teig gut durchkneten. Ein Backblech mit Butter einfetten und den Teig darauf ausrollen.
2. Den Backofen auf 200° vorheizen.
3. Die Zwetschgen waschen, entsteinen, mit Küchenpapier trocken tupfen und den Teig dicht damit belegen. Den Kuchen (mittlerer Einschub) 45 Min. backen.
4. Den Zucker mit dem Zimt vermischen und sofort nach dem Backen auf den heißen Kuchen streuen.

ZWEIERLEI NASCHZUCKER –
FÜR SOMMER UND WINTER

Für 1 Backblech (Standard oder 24 x 31 cm)

¼ l Milch
1 kg Zucker
1 EL Zimt | 1 EL Kakaopulver
200 g Walnusshälften (oder ganze Haselnüsse oder Mandeln)

Außerdem

Einmachgläser

Zubereitung: 15 Min.

Trockenzeit: über Nacht
Pro Portion ca. 310 kcal
3 g EW, 4 g F, 67 g KH

1. Die Milch mit dem Zucker in einen Topf geben und unter Rühren zum Kochen bringen. Die Hälfte der Zuckermilch in eine Schüssel geben und Zimt und Kakao unterrühren. In die übrige Zuckermilch im Topf die Nüsse einrühren.
2. Beide Cremes dünn nebeneinander auf ein trockenes Backblech streichen. Sie können ruhig ineinander laufen.
3. Das Blech über Nacht an einen kühlen Ort stellen. Am nächsten Tag ist die Masse erstarrt. Den Naschzucker auseinanderbrechen und zum Kaffee oder Tee genießen. In Einmachgläsern aufbewahren.

TIPP **Je nach Jahreszeit lässt er sich abwandeln: Im Winter mit Zimt und Kakao, im Sommer mit Granatapfel- und Zitronenaroma oder im Herbst mit Trockenfrüchten.**

1
2
5

3
4

Statt Tütenfutter: Krosse selbst gemachte Chips und dazu leckere Dips mit Suchtgefahr. Das ideale Mitbringsel für Party, Abschlussfeiern, Fernseh- oder Zockerabende. Auch als Tröster geeignet bei in den Sand gesetzten Klausuren.

TUNA-CREME (1)

80 g Thunfisch in Salzlake (1 Dose à 100 g)
2 EL Mayonnaise
1 TL Kapern
2–3 EL Balsamico-Essig
Salz
schwarzer Pfeffer aus der Mühle

Zubereitung: ca. 5 Min.
Gesamt ca. 290 kcal
15 g EW, 27 g F, 2 g KH

1. Den Thunfisch mit Mayonnaise und Kapern in einer Schüssel pürieren und mit Balsamico-Essig, Salz und Pfeffer abschmecken. Anschließend kühl stellen.

TIPP **Zum Dippen eignen sich Selleriestangen, Möhren, Gurken, Chips, frisches Wurzelbrot etc.**

OLIVENPASTE (2)

1 Glas entsteinte schwarze oder grüne Oliven in Salzlake (250 ml)
1 Rosmarinzweig
50 ml Olivenöl
Salz | schwarzer Pfeffer aus der Mühle

Zubereitung: 5 Min.
Gesamt ca. 675 kcal
2 g EW, 71 g F, 13 g KH

1. Die Oliven abtropfen lassen, dann fein schneiden. Den Rosmarinzweig waschen und trocken schütteln. Die Nadeln abzupfen und fein schneiden. Oliven und Rosmarin mit dem Olivenöl verrühren oder alles zusammen pürieren und mit etwas Salz und Pfeffer abschmecken.

ROTES PESTO (3)

100 g getrocknete Tomaten (Glas; 150 ml)
½ Zwiebel (am besten eine rote)
½ l trockener Weißwein
1 TL Crème fraîche oder saure Sahne (ersatzweise Schmant)

Zubereitung: 15 Min.
Gesamt ca. 650 kcal
15 g EW, 7 g F, 58 g KH

1. Die Tomaten in einem Sieb abtropfen lassen und fein schneiden. Die Zwiebel abziehen und fein würfeln. Einen kleinen Topf auf dem Herd erhitzen und darin die Tomaten mit den fein gewürfelten Zwiebeln ohne Fett und unter Rühren bei mittlerer Hitze 5 Min. rösten.

2. Die Tomaten mit gut 150 ml des Weißweins ablöschen. Den Wein bei mittlerer bis starker Hitze einkochen, bis die Flüssigkeit verdampft ist. Wieder 150 ml Wein dazugießen und einkochen lassen. Den Rest zugeben und nicht mehr ganz einkochen. Zum Schluss die Crème fraîche unterrühren.

TZATZIKI (4)

½ Salatgurke
2 Knoblauchzehen
je 250 g griechischer Joghurt
(oder Sahnejoghurt)
150 g Sahnequark
Salz | schwarzer Pfeffer aus der Mühle

Zubereitung: 7 Min.
Gesamt ca. 580 kcal
26 g EW, 44 g F, 20 g KH

1. Die Salatgurke waschen, schälen und grob raspeln. Etwas salzen, 2 Min. ziehen lassen und in einem Sieb ausdrücken.

2. Den Knoblauch abziehen, pressen und mit der Gurke, den beiden Joghurtsorten und dem Quark gut in einer Schüssel verrühren. Mit Salz und Pfeffer abschmecken.

CHIPS FOR THE DIPS (5)

Für 4 Personen
8 Scheiben geräucherter Schinken
(edler und natürlich teurer:
luftgetrockneter Schinken)
1 Süßkartoffel
200 g festkochende Kartoffeln
4 Möhren
3 EL Öl
Salz | schwarzer Pfeffer aus der Mühle

Außerdem
Backblech (Standardgröße)
Butter zum Fetten

Zubereitung: 5–7 Min.
Backzeit: 10 Min.
Pro Portion ca. 365 kcal
11 g EW, 28 g F, 16 g KH

1. Den Backofen auf 200° vorheizen. Ein Backblech fetten. Die Schinkenscheiben darauflegen.

2. Süßkartoffel, Kartoffeln und Möhren waschen, schälen und in dünne Scheiben schneiden. In Öl wälzen und etwas mit Salz und Pfeffer würzen. Dann auch mit auf das Blech geben.

3. Alles zusammen in den Ofen (obere Schiene) schieben und 10 Min. backen. Sobald die Chips kross sind, mit den Dips oder solo servieren.

FÜR DEN KLEINEN HUNGER

Es muss nichts wirklich Üppiges sein?
Aber einfach Lust auf etwas Kleines,
Feines, das nicht allzu sehr ins Gewicht fällt?
Für alle Situationen,
in denen nicht viel geht, bei Prüfungsstress
und Sommerhitze tun
die kleinen Gerichte auf den nächsten
Seiten ihr Bestes.

FERTIG
IN CA.
15 MIN.

NUDELSALAT MIT TOMATEN UND RUCOLA

Für 1 Person
Salz
100 g Nudeln (z. B. Muschelnudeln)
6 Kirschtomaten
½ Bund Rucola
1 Frühlingszwiebel
3 EL Balsamico-Essig
1 EL saure Sahne
1 Prise Zucker
schwarzer Pfeffer aus der Mühle

Zubereitung: ca. 15 Min.
Pro Portion ca. 405 kcal
14 g EW, 3 g F, 82 g KH

1. In einem großen Topf reichlich Wasser mit etwas Salz zum Kochen bringen. Die Nudeln hineingeben und nach Packungsanleitung bissfest kochen.
2. Die Tomaten waschen und halbieren. Den Rucola waschen und trocken schütteln. Die Frühlingszwiebel waschen, mit Küchenpapier abtupfen und den hellgrünen Teil in schmale Scheiben schneiden.
3. Sobald die Nudeln gar sind, in einem Sieb abgießen und etwas auskühlen lassen. Wenn es schnell gehen soll, einfach unter kaltem Wasser abspülen und mit den Tomaten, dem Rucola und den Frühlingszwiebeln in eine größere Schüssel geben. 5 Rucolablätter beiseitelegen.
4. Den Balsamico-Essig mit der sauren Sahne und dem Zucker verrühren, über den Salat geben und alles kräftig mischen. Mit Salz und Pfeffer abschmecken. Zum Schluss die beiseitegelegten Rucolablätter zur Dekoration auf den Nudelsalat legen oder sie nur unter die obere Hälfte heben.

TIPP **Statt saurer Sahne kann man auch Frischkäse oder Kräuterfrischkäse verwenden. Wer es deftiger mag, kann auch noch etwas geriebenen Käse oder angebratene Speckwürfel unter den Salat mischen. Eine „asiatische Version" wird aus dem Salat mit etwas fein geschnittenem Koriandergrün, Cayennepfeffer und gebratenem Hackfleisch.**

FELDSALAT MIT SPECKWÜRFELN UND BALSAMICO-DRESSING

FERTIG IN CA. 15 MIN.

Für 2 Personen

1 Pck. Feldsalat (250 g)
½ Zwiebel (am besten eine rote)
1 EL Olivenöl
150 g Speckwürfel
5 EL Balsamico-Essig
Salz | schwarzer Pfeffer aus der Mühle
evtl. 1 EL Joghurt, saure Sahne oder Olivenöl
Lieblingsbrot als Beilage

Zubereitung: ca. 15 Min.

Pro Portion ca. 780 kcal
15 g EW, 56 g F, 49 g KH

1. Den Feldsalat gründlich waschen, putzen und mit Küchenpapier abtupfen. Auf zwei Tellern verteilen.

2. Die Zwiebel abziehen und in kleine Würfel schneiden. Das Olivenöl in einer Pfanne heiß werden lassen und die Zwiebeln zusammen mit den Speckwürfeln anbraten, bis diese schön kross sind.

3. Mit dem Balsamico-Essig ablöschen und bei starker Hitze etwas einkochen lassen. Von der Herdplatte ziehen, die Mischung etwas abkühlen lassen und mit Salz und Pfeffer abschmecken.

4. Sollte das Dressing zu säuerlich sein, noch mit etwas Wasser, 1 EL Joghurt, saurer Sahne und/oder auch Olivenöl mildern. Das fertige Dressing mit den Speckwürfeln über den Salat geben und mit dem Brot servieren.

TIPP **Da der fertig angemachte Salat schnell zusammenfallen kann, gleich nach dem Mischen servieren und verzehren! Wer es ein wenig üppiger mag, kann unter den Salat noch Avocado- und/oder Mozzarellawürfel heben.**

WENN ES DRAUSSEN kühler wird, gibt es wieder frischen Feldsalat. Nussig-scharf schmecken die zarten Blätter. Vor der Zubereitung gründlich waschen und putzen, um Sandreste zu entfernen.

SALAT MIT PUTE UND JOGHURT-PESTO-DRESSING

Für 2 Personen
1 Salatherz (z. B. Romana)
8 Kirschtomaten
1 rote Paprikaschote
100 g Mais (Dose à 150 ml)
3 EL Joghurt
1 TL Pesto
3 EL Balsamico-Essig
Salz | schwarzer Pfeffer aus der Mühle
200 g Putenbrustfilet
½–1 EL Cayennepfeffer (ersatzweise 1 kleine, frische Chilischote)
2 EL Öl

Zubereitung: ca. 15 Min.
Pro Portion ca. 315 kcal
28 g EW, 17 g F, 15 g KH

1. Das Salatherz in ca. 2 cm breite Streifen schneiden, waschen, trocken tupfen und in eine Schüssel geben.
2. Die Kirschtomaten waschen, halbieren und zum Salat geben. Die Paprikaschote waschen, halbieren, weiße Trennwände und Kerne entfernen, nochmals waschen und die Hälften klein würfeln; zum Salat dazugeben. Den Mais abtropfen lassen und ebenfalls dazugeben.
3. Für das Dressing Joghurt, Pesto und Balsamico-Essig verrühren. Mit Salz und Pfeffer abschmecken.
4. Die Putenbrust in 2 cm breite Streifen schneiden und mit dem Cayennepfeffer, Salz und Pfeffer würzen. Alternativ 1 frische Chilischote waschen, längs aufschlitzen, die Kerne entfernen, die Fruchthälften sehr fein schneiden und damit den Salat würzen. Das Öl in einer Pfanne erhitzen und das Fleisch darin unter Rühren goldbraun braten.
5. Die Pfanne von der Herdplatte ziehen. Den Salat mischen und auf zwei Tellern verteilen. Die Putenbruststreifen darübergeben und mit dem Dressing beträufeln.

TIPP **Anstelle von Cayennepfeffer bzw. der frischen Chilischote kann man etwas Honig oder 5 Esslöffel Kokosflocken zum Fleisch geben. So bekommt der Salat eine asiatische Note. Statt Putenfleisch kann man auch Hähnchenbrustfilet verwenden.**

ITALIAN SUSHI

Für 2 Personen
Ergibt 20 Sushi
1 Zucchino
1 rote Paprikaschote
2 EL Olivenöl
Salz | schwarzer Pfeffer aus der Mühle
6 EL Balsamico-Essig + 2 EL zum Anrichten
150 g Mozzarella (ca. 1 Kugel)
10 Scheiben luftgetrockneter Schinken (edler und natürlich teurer: Parmaschinken)

Zubereitung: 35 Min.
Pro Portion ca. 150 kcal
10 g EW, 15 g F, 2 g KH

SCHMECKT IMMER UND SORGT FÜR DEN EXTRAKICK AN GESUNDEN VITAMINEN.

1. Den Zucchino waschen, die Paprikaschote waschen, putzen und entkernen. Beides in ca. 1 cm breite Stifte schneiden und in Olivenöl anbraten. Mit Salz und Pfeffer kräftig würzen und mit 6 EL Balsamico ablöschen. Sobald der Essig verdampft ist, das Gemüse vom Herd nehmen und lauwarm abkühlen lassen.
2. Den Mozzarella in 1 cm breite und hohe Stifte schneiden.
3. Jetzt 1 Schinkenscheibe auf die Arbeitsfläche legen und jeweils 1 Mozzarella-, 1 Paprika- und einen Zucchinistift nebeneinander an ein Schinkenende legen, jeweils 1 Spritzer Balsamico-Essig darüberträufeln und alles möglichst eng einrollen. Die Sushi halbiert servieren.

TIPP **Sollte etwas vom Gemüse und dem Mozzarella übrig bleiben, alles vermischen, mit etwas Balsamico verfeinern und mit den Röllchen oder etwas Rucola servieren. Das Gemüse ist auch eine tolle Grillbeilage im Sommer oder Vorspeise.**

FERTIG
IN CA.
30 MIN.

SPAGHETTI BOLOGNESE

Für 2 Personen
1 Möhre
½ Zwiebel
1 EL Öl
150 g gemischtes Hackfleisch
2 TL getrockneter Oregano
2 TL getrocknetes Basilikum
2 Lorbeerblätter
240 ml Pizza-Tomaten (Dose)
Salz | schwarzer Pfeffer aus der Mühle
100 g Spaghetti
40 g gehobelter Parmesan oder Pecorino

Zubereitung: ca. 30 Min.
Pro Portion ca. 550 kcal
32 g EW, 27 g F, 47 g KH

1. Die Möhre waschen, schälen und raspeln. Die Zwiebel abziehen und fein würfeln. Öl in einer Pfanne erhitzen und die Zwiebeln darin glasig anünsten. Das Hackfleisch dazugeben und anbraten. Sobald das Hackfleisch kross gebraten ist, die Hitze auf die niedrigste Stufe reduzieren.

2. Oregano, Basilikum und die Lorbeerblätter unter das Fleisch mengen.

3. Tomaten mit Saft und Möhrenraspel hinzufügen. Alles gut miteinander vermischen. Die Hitze erhöhen und die Sauce unter gelegentlichem Rühren ca. 20 Min. leicht kochen lassen. Dann mit Salz und Pfeffer abschmecken.

4. Während die Sauce köchelt, in einem großen Topf reichlich Wasser zum Kochen bringen, leicht salzen und die Spaghetti darin nach Packungsanleitung bissfest kochen; dann in einem Sieb abgießen.

5. Die Spaghetti in einen Teller geben und Sauce darüberschöpfen. Parmesan oder Pecorino darüberstreuen.

TIPP **Die Sauce schmeckt noch besser, wenn sie schon am Vortag zubereitet und dann noch einmal aufgekocht wird. Sie lässt sich auch problemlos für den Vorrat einfrieren. Ob die Spaghetti gar sind, kann man leicht prüfen: Einfach eine Nudel gegen eine glatte Oberfläche werfen. Bleibt sie kleben, ist sie gut!**

1
3

Ein heißes Süppchen kann wahre Wunder bewirken: als Muntermacher, Seelentröster, Lebensgeister-Erwecker hat sie viele hilfreiche Funktionen. Außerdem schmeckt sie auch noch superlecker.

KÜRBISCREME-SUPPE (1)

Für 2 Personen

400 g Hokkaidokürbis
1 Zwiebel
3–5 EL Olivenöl (edler und natürlich teurer: Kürbiskernöl)
200 ml Wasser
2 EL Balsamico-Essig
Salz | schwarzer Pfeffer aus der Mühle
2 TL Crème fraîche oder saure Sahne

Zubereitung: 30 Min.

Pro Portion ca. 300 kcal
2 g EW, 29 g F, 9 g KH

1. Den Kürbis gut waschen und unansehnliche Stellen herausschneiden – der Hokkaidokürbis muss nicht geschält werden. Die Frucht halbieren, die Kerne mit einem Esslöffel herausschaben und das Fruchtfleisch in 3 cm große Würfel schneiden.
2. Die Zwiebel abziehen und fein würfeln. Das Öl in einem Topf erhitzen und die Kürbiswürfel darin bei großer Hitze und unter gelegentlichem Umrühren leicht anrösten. Nach 7–10 Min. das Wasser dazugießen und alles bei mittlerer Hitze und unter Rühren ca. 20 Min. köcheln lassen.
3. Das Fruchtfleisch pürieren und mit Balsamico-Essig, Salz und Pfeffer abschmecken. Ist die Suppe zu dickflüssig geraten, mit Wasser verdünnen. Die Kürbissuppe in 2 Schüsseln füllen, mit je 1 TL Crème fraîche verzieren und servieren.

TIPP **Für einen Hingucker kann man auf die Suppe auch eine Milchschaumkrone setzen. Dazu schlägt man 200 Milliliter lauwarme Milch mit einem Schneebesen auf und nimmt den Schaum ab. 1 Teelöffel Kürbiskernöl in die Mitte laufen lassen und schon hat man einen edlen Kürbiscreme-Macchiato.**

TOMATEN-KOKOS-SUPPE (2)

Für 2 Personen

500 g Tomaten
1 Zwiebel
3 EL Olivenöl
½ Tube Tomatenmark
200 ml Kokosmilch (Dose; ungesüßt)
4 EL Kokosflocken
Salz | schwarzer Pfeffer aus der Mühle
1 Prise Zucker

Außerdem

Pürierstab

Zubereitung: 20 Min.

Pro Portion ca. 390 kcal
4 g EW, 34 g F, 15 g KH

1. Die Tomaten waschen und halbieren. Die Strünke herausschneiden und die Kerne entfernen. Das Fruchtfleisch würfeln. Die Zwiebel abziehen und fein würfeln. Olivenöl in einem Topf erhitzen und Tomaten und Zwiebelwürfel darin dünsten.
2. Nach 10 Min. Tomatenmark und Kokosmilch hinzufügen. Die Suppe aufkochen, dann den Topf vom Herd nehmen und die Suppe pürieren. Sollte die Suppe zu dickflüssig sein, mit etwas Wasser verdünnen.
3. 2 EL Kokosflocken in die Suppe geben und mit Salz, Pfeffer und etwas Zucker abschmecken. Die Suppe auf 2 Gläser oder Suppenschalen verteilen und mit je 1 EL Kokosflocken dekoriert servieren.

MINESTRONE (3)

Für 2 Personen

1 Zwiebel
2 Möhren
50 g Petersilienwurzel
½ Stange Lauch
2 Zucchini
2 mittelgroße festkochende Kartoffeln
200 g Wirsing
2 EL Olivenöl
Salz | schwarzer Pfeffer aus der Mühle
750 ml Wasser
50 g Suppennudeln (z. B. Muschelnudeln)
2–5 EL gehobelter Parmesan

Zubereitung: ca. 35 Min.
Pro Portion ca. 360 kcal
16 g EW, 14 g F, 43 g KH

1. Die Zwiebel abziehen und fein hacken. Möhren, Petersilienwurzel und Lauch waschen, putzen und in dünne Scheiben schneiden. Zucchini und Kartoffeln waschen, schälen und würfeln. Den Wirsing putzen, den Strunk entfernen und die Blätter in fingerdicke Streifen schneiden.
2. Das Öl in einem großen Topf erhitzen und die Zwiebeln darin andünsten. Möhren, Kartoffeln, Petersilienwurzel und etwas Salz und Pfeffer hinzugeben. Unter Rühren bei starker Hitze 10 Min. garen, anschließend mit dem Wasser aufgießen.
3. Die Suppe zum Kochen bringen und den Lauch und die Zucchini hinzufügen und bei mittlerer Hitze 10 Min. weiterkochen. Dann die Wirsingstreifen dazugeben, je nach Appetit noch die Suppennudeln und noch 10 Min. garen. Zum Schluss noch einmal aufkochen lassen und mit Parmesan, Salz und Pfeffer verfeinern. Vom Herd nehmen, kurz ziehen lassen und servieren.

TIPP **Noch etwas Parmesanrinde übrig? Dann unbedingt in der Minestrone mitkochen. So wird das Aroma noch intensiver. Auch zur Gemüse-Resteverwertung eignet sich die Suppe hervorragend! Um eine Mailänder Minestrone zuzubereiten, noch 150 Gramm fein geschnittenes Kalbfleisch und 1 Teelöffel Tomatenmark in die Suppe geben. Ersatzweise schmeckt auch Putenbrust.**

FERTIG
IN CA.
10 MIN.

NACHOS MIT GUACAMOLE

Für 1 Person
1 Avocado
½ Zwiebel
1 Knoblauchzehe
Saft von ½ Zitrone
Salz | schwarzer Pfeffer aus der Mühle
½ Tüte Nachos (Supermarkt)
8 Scheiben Cheddar-Schmelzkäse

Zubereitung: 7 Min.
Pro Portion ca. 675 kcal
14 g EW, 50 g F, 7 g KH

1. Den Backofen auf 200° vorheizen.
2. Die Avocado halbieren, den Kern herausdrehen und die Fruchthälften schälen. Das Fruchtfleisch in einen Messbecher oder eine hohe Schüssel geben. Die Zwiebel und den Knoblauch abziehen und grob schneiden. Mit dem Zitronensaft zur Avocado geben. Alles pürieren und mit Salz und Pfeffer abschmecken.
3. Die Nachos in eine Auflaufform oder auf ein Backblech streuen, die Käsescheiben im Ganzen darauflegen und im Ofen (obere Schiene) 5 Min. überbacken, bis der Käse schmilzt. Die Nachos herausnehmen und mit der Guacamole servieren.

TIPP **Um das Südamerika-Feeling noch authentischer zu gestalten, ist ein Corona oder Desperados unbedingt dazu empfehlenswert. Salud!**

KARTOFFEL-RÖSTKUCHEN

Für 2 Personen
Butter zum Fetten
400 g festkochende Kartoffeln
150 g Sahne
150 g geriebener Käse
1 Ei
Salz | schwarzer Pfeffer aus der Mühle
½ TL geriebene Muskatnuss

Zubereitung: 15 Min.
Backzeit: 45 Min.
Pro Portion ca. 450 kcal
40 g EW, 92 g F, 35 g KH

1. Den Backofen auf 180° vorheizen.
2. Eine Pfanne (28 cm Ø) mit etwas Butter fetten. Die Kartoffeln waschen, schälen und in die Pfanne hobeln.
3. In einer Schüssel die Sahne mit dem Käse und dem Ei verrühren. Mit Salz, Pfeffer und Muskatnuss abschmecken. Die Masse über die Kartoffeln gießen und im Ofen (obere Schiene) 45 Min. backen.

TIPP **Den Kartoffelröstkuchen kann man auch ganz einfach in der Pfanne (28 cm Ø) machen (siehe Bild). Hierzu gut 2 Esslöffel Öl in einer Pfanne bei mittlerer Hitze erhitzen, die Kartoffeln einschichten und mit der Crememasse übergießen. Den Röstkuchen nach ca. 10 Min. wenden und auf der anderen Seite in weiteren 15 Min. fertig backen.**

TALEGGIO-FEIGEN

Für 2 Personen
4 reife Feigen
100 g Taleggio-Käse
schwarzer Pfeffer aus der Mühle
Außerdem
Backpapier
Zubereitung: ca. 5 Min.
Backzeit: 5 Min.
Pro Portion ca. 230 kcal
13 g EW, 14 g F, 13 g KH

1. Den Backofen auf 200° vorheizen.
2. Die Feigen waschen und halbieren. Den Käse in 8 gleich große Würfel schneiden und je 1 Taleggio-Würfel auf 1 Feigenschnittfläche legen.
3. Ein Blech mit Backpapier auslegen und die Taleggio-Feigen darauf platzieren. In den Ofen schieben (obere Schiene) und 5 Min. grillen, bis der Käse etwas zerlaufen ist. Herausnehmen, mit Pfeffer würzen und servieren.

TIPP **In der Pfanne kann man die Taleggio-Feigen auch zubereiten: Das runde Ende der Feige dazu abschneiden. Mit der größeren Schnittfläche nach unten in eine heiße fettfreie Pfanne geben, kurz erhitzen und wenden. Den Käse darauflegen, die Pfanne abdecken und die Feigen 2–4 Min. bei mittlerer Hitze backen. Wenn man keine Feigen bekommt, schmeckt das Ganze auch mit reifen Birnen sehr lecker.**

FERTIG IN CA. 5 MIN.

MELONE MIT SCHINKEN

Für 2 Personen
½ reife Honigmelone (oder Galiamelone)
6 Scheiben würziger getrockneter Schinken, z. B. Schwarzwälder (edler und natürlich teurer: Parmaschinken)
Zubereitung: 5 Min.
Pro Portion ca. 270 kcal
17 g EW, 19 g F, 17 g KH

1. Die Melonenkerne herausschaben und das Fruchtfleisch in 6 gleich große „Schiffchen“ schneiden. Schälen und um jede Melonenspalte Schinkenscheibe legen.

DATTELN UND APRIKOSEN IM SPECKMANTEL

Für 2 Personen
je 6 getrocknete Datteln und Aprikosen
12 Scheiben Bacon (Frühstücksspeck)
Zubereitung: ca. 5 Min.
Backzeit: 10 Min.
Pro Portion ca. 700 kcal
38 g EW, 60 g F, 18 g KH

1. Den Backofen auf 180° vorheizen.
2. Die Datteln und Aprikosen aufschneiden und entkernen. Um jede Frucht 1 Scheibe Speck wickeln und auf ein mit Alufolie ausgelegtes Backblech legen.
3. Im Ofen (mittlere Schiene) 10 Min. backen. Heiß servieren.

KLEIN, FEIN und das perfekte Mitbringsel für WG-Einweihungen und andere Festivitäten. Und: In wenigen Minuten stehen sie auf dem Tisch.

PRÜFUNGS-STRESS

Grausam aber unabwendbar.
Die Zeit vor Klausuren und Prüfungen ist nicht gerade die, an denen man groß Lust hat, sich am Herd zu verausgaben. Deshalb hier rasche Soforthilfe für alle, die viel Kopfarbeit leisten müssen und unter Prüfungsfieber leiden: Deshalb reichlich Eiweiß in Form von Nüssen und Milchprodukten, um durchzuhalten. Viel Energie in Form von Zucker für die grauen Zellen und Süße, um dieser Zeit noch irgendetwas Schönes abzugewinnen.

NUSSNUDELN

Für 1 Person
Salz
100 g Nudeln (z. B. Penne oder Fusilli)
20 Butter | 2 EL Zucker
3 EL gemahlene Nüsse
Zubereitung: 12 Min.
Pro Portion ca. 750 kcal
16 g EW, 29 g F, 110 g KH

1. In einem großen Topf reichlich Wasser mit etwas Salz zum Kochen bringen. Die Nudeln darin in 8 Min. bissfest kochen.
2. Die Butter in einer Pfanne zerlaufen lassen. Den Zucker und die Nüsse dazugeben, kurz durchrühren und die Herdplatte ausschalten. Die fertigen Nudeln abgießen und unter die Nussmischung heben.

OBSTQUARK

Für 2 Personen
250 g Sahnequark
100 g Sahnejoghurt
100 g Erdbeeren
je 10 blaue und grüne Weintrauben
1 Banane
1 saftiger Apfel oder Birne
2 EL Zitronensaft
4 EL Honig
Zubereitung: ca. 5 Min.
Pro Portion ca. 490 kcal
17 g EW, 21 g F, 61 g KH

1. Quark und Joghurt verrühren. Beeren und Weintrauben in einem Sieb waschen, putzen und halbieren; Kerne gegebenenfalls entfernen. Die Banane schälen und in Scheiben schneiden. Den Apfel waschen, schälen und das Fruchtfleisch würfeln. Bananen- und Apfelstücke mit Zitronensaft beträufeln, damit sie nicht braun werden.
2. Früchte und Honig unter den Joghurt-Quark rühren und nach Belieben noch mit etwas Honig nachsüßen.

HONIGBANANE MIT VANILLEEIS

Für 1 Person
etwas Butter
1 reife Banane
4 EL Honig
2 Kugeln Vanilleeis
Zubereitung: 10 Min.
Pro Portion ca. 520 kcal
3 g EW, 15 g F, 100 g KH

1. Etwas Butter in einer heißen Pfanne zerlassen. Die Banane schälen, längs halbieren und darin von beiden Seiten anbraten.
2. Sobald die Banane weich ist, den Honig darübergeben. Das Vanilleeis in einer Schale anrichten und die heiße Honigbanane mit Sauce dazugeben.

FERTIG
IN CA.
10 MIN.

TOMATEN-PECORINO-CARPACCIO

Für 2 Personen

250 g reife Kirschtomaten

200 g Pecorino (z. B. mittelalter Romano, ersatzweise Parmesan)

5 EL Olivenöl

Salz | schwarzer Pfeffer aus der Mühle

Baguette oder ein Lieblingsbrot als Beilage

Zubereitung: 10 Min.

Pro Portion ca. 450 kcal

47 g EW, 52 g F, 55 g KH

1. Die Tomaten waschen und die Strünke abschneiden. Anschließend die Tomaten mit den Fingern zusammendrücken und dabei die Kerne und die Fruchtflüssigkeit herauspressen. Dann das Fruchtfleisch halbieren und klein würfeln.

2. Den Pecorino auf der Gurkenreibe in breite Späne hobeln und breitflächig auf zwei Tellern verteilen.

3. Die Tomatenwürfel auf dem Käse verteilen und mit dem Öl beträufeln. Noch 1 Prise Salz (der Käse ist bereits sehr salzig) und Pfeffer darübergeben und 1 Scheibe vom Lieblingsbrot dazulegen.

TIPP **Dieses Gericht eignet sich hervorragend als Vorspeise. In diesem Fall reichen die Zutaten auch für 4 Personen. Um nicht in Vorbereitungsstress zu geraten, kann das Carpaccio schon am Morgen oder am Vortag vorbereitet und mit einer Folie abgedeckt im Kühlschrank aufbewahrt werden. Etwa ½ Std. vor dem Servieren aus dem Kühlschrank nehmen. So kann sich das Aroma besser entfalten.**

INFO **Öl ist nicht gleich Öl. Hochwertige Olivenöle sollten kaltgepresst sein. Natives Olivenöl extra oder Olio extra vergine bezeichnet die beste Qualität. Die macht sich in der geringen Ölsäure bemerkbar, was als wunderbarer Geschmack am Gaumen zu spüren ist. Allerdings kosten solche Öle auch deutlich mehr als z. B. Natives Öl oder Olio vergine. Das sind Öle, deren Säuregehalt bei maximal 2% liegt – immer noch niedrig. Wer sich wirklich fürs Kochen interessiert kommt an guten Ölen nicht vorbei. Sinnvoll ist es, ein preisgünstiges Öl zum Kochen und Braten zu haben, und für Salate oder ein Carpaccio dann ein superleckeres, aber eben auch teureres Öl.**

EXOTISCHER **FRUCHTCOCKTAIL**

Für 1 Portion
Ergibt ca. 200 ml
100 ml Ananassaft
100 ml Orangensaft
1 EL süße Kokoscreme (ersatzweise Kokosmilch und etwas Vanillezucker)
50 g Sahne
1 Ananasscheibe (Dose)
1 Physalis

Außerdem
2–3 Eiswürfel
Mixer oder Pürierstab

Zubereitung: 5 Min.
Pro Portion ca. 310 kcal
3 g EW, 16 g F, 39 g KH

1. Den Ananassaft mit dem Orangensaft, der Kokoscreme und der Sahne in den Mixer geben und schaumig rühren.
2. Eiswürfel in 1 Glas geben und den Cocktail darübergießen.
3. Mit der Ananasscheibe und der Physalis dekorieren und kalt genießen.

TIPP **Sehr fein schmeckt der Drink auch mit Kirschsaft. Dazu den Ananassaft mit der Kokoscreme und der Sahne mixen, in das Glas geben und dann 100 Milliliter Kirschsaft darübergießen.**

MANDEL-MANDARINEN-QUARK *MIT SCHUSS*

Für 2 Personen
100 g Mandarinen (Dose à 150 ml))
4 cl Triple Sec (Orangenlikör)
Schale von 1 Bio-Orange
250 g Sahnequark
4 TL Milch
75 g Mandelstifte
3–4 EL Honig

Außerdem
2 Gläser à 150 ml Füllmenge

Zubereitung: 10 Min.
Ruhezeit: 1 Std. oder über Nacht
Pro Portion ca. 625 kcal
22 g EW, 34 g F, 62 g KH

1. Die Mandarinen in einem Sieb abtropfen lassen, in eine Schale geben und mit dem Likör übergießen. Abgedeckt im Kühlschrank ziehen lassen.
2. Nach 1 Std. oder am nächsten Morgen herausnehmen. Je länger die Mandarinen im Alkohol mariniert werden, desto intensiver wird das „geistige" Aroma. Die Früchte in einem Sieb abgießen, dabei den Likör auffangen und im Kühlschrank als Digestif aufheben oder je nach Tageszeit sofort genießen.
3. Die Orange gut mit heißem Wasser abwaschen, trocknen und die Schale anschließend fein mit einer Küchenreibe abreiben. Darauf achten, dass nichts von der weißen Zwischenhaut mitgeraspelt wird.

ERFRISCHEND: DER FRUCHTCOCKTAIL. DER QUARK SCHMECKT ZWISCHENDURCH ODER ALS DESSERT.

So wird die Mischung leicht bitter. 2 Streifen Orangenschale zur Dekoration beiseitestellen.

4. Den Sahnequark mit der Milch, den Mandelstiften (1 EL als Dekoration beiseitestellen), etwa 2/3 des Schalenabriebs und dem Honig verrühren.

5. Die Gläser zuerst mit einer kleinen Schicht Mandarinen füllen und dann Mandelquark darüberschichten. Weiter im Wechsel schichten, bis Quark und Früchte gleichmäßig auf beide Gläser verteilt sind. Mit Mandelstiften und 1 Streifen Orangenschale verzieren.

TIPP **Die Mandarinen kann man alternativ auch unmariniert unter den Mandelquark rühren. Dann hat man einen exquisiten Brotaufstrich fürs Frühstück oder eine kleine, feine Zwischenmahlzeit.**

1
2

3
4

Getränke für entspannte Sommerabende oder klirrend kalte Winternächte. Egal, ob geschüttelt oder gerührt, mit diesen Cocktail-Klassikern und Drinks können Sie Ihre Barkeeper-Qualitäten unter Beweis stellen.

*FÜR KUBANISCHE NÄCHTE – **MOJITO** (1)*

Für 2 Drinks
2 Limetten
4 TL Puderzucker
4 Stängel grüne Minze
500 g zerstoßenes Eis (Supermarkt)
10 cl weißer Rum
4 EL Mineralwasser mit Kohlensäure
Außerdem
2 Caipirinha-Gläser (à 0,33l)
Stößel oder Mörser
2 Strohhalme

Zubereitung: 7 Min.
Pro Portion ca. 260 kcal
0 g EW, 0 g F, 23 g KH

1. Die Limetten heiß waschen, abtrocknen und mit einem scharfen Messer achteln. Die Fruchtschnitze auf die beiden Gläser verteilen und jeweils 2 TL Puderzucker und die Minzestängel dazugeben.
2. Jetzt mit Hilfe eines Stößels die Minze zusammen mit den Limetten im Glas aus- bzw. zerdrücken.
3. Die Gläser bis etwa 1,5 cm unter den Rand mit dem zerstoßenen Eis auffüllen. Je 5 cl Rum darübergießen und mit Mineralwasser auffüllen. Kräftig umrühren und mit Strohhalm servieren.

*EISKALTER SOMMERGENUSS: **STRAWBERRY-DAIQUIRI** (2)*

Für 2 Gläser
300 g Erdbeeren (ersatzweise TK-Ware)
8 cl Erdbeersirup
6 cl Limejuice
12 cl brauner Rum (40%)
300 g zerstoßenes Eis (Supermarkt)
Außerdem
Mixer oder Pürierstab
2 Caipirinha-Gläser (à 0,33 ml)
Strohhalme

Zubereitung: 5 Min.
Pro Portion ca. 270 kcal
1 g EW, 1 g F, 12 g KH

1. Die Erdbeeren waschen und die grünen Stielansätze entfernen. TK-Erdbeeren gegebenenfalls antauen.
2. Den Erdbeersirup, den Limejuice und den Rum mit dem zerstoßenen Eis mixen oder pürieren, sodass die Flüssigkeit sämig wird und noch halb gefroren ist. Auf die beiden Gläser verteilen, mit je einer Erdbeere garnieren und mit Strohhalm servieren.

ALKOHOLFREI:
VIRGIN CAIPI *(3)*

Für 2 Gläser
2 Limetten
4 TL brauner Zucker
500 g zerstoßenes Eis (Supermarkt)
500 ml Ginger Ale
Außerdem
Stößel
2 Caipirinha-Gläser (0,33l)
2 Strohhalme

Zubereitung: 5–7 Min.
Pro Portion ca. 180 kcal
0 g EW, 0 g F, 23 g KH

1. Die Limetten heiß abwaschen, abtrocknen und mit einem scharfen Messer achteln. Die Fruchtschnitze auf die beiden Gläser verteilen. Je 2 TL braunen Zucker hinzufügen und die Limetten mit dem Stößel auspressen.
2. Zerstoßenes Eis zu 2/3 in die Gläser füllen und mit Ginger Ale auffüllen. Mit Limettenscheiben dekorieren und mit Strohhalm servieren.

FÜR KALTE WINTERABENDE –
WEISSER GLÜHWEIN *(4)*

Für 1 Liter
500 ml Weißwein (fruchtig, trocken)
500 ml naturtrüber Apfelsaft
1 Apfel (saftig, mittelgroß)
3 Zimtstangen
1 TL gemahlener Zimt
½ TL Nelken
3 Pck. Vanillezucker
4 cl brauner Rum
etwas Zucker

Zubereitung: 25 Min.
Pro Portion ca. 345 kcal
1 g EW, 1 g F, 49 g KH

1. Den Weißwein mit dem Apfelsaft in einen Topf geben. Den Apfel waschen, putzen und in schmale Spalten schneiden. Die Zimtstangen, das gemahlene Zimtpulver, die Nelken, den Vanillezucker und den braunen Rum dazugeben.
2. Die Flüssigkeit nur leicht erhitzen, sie sollte nicht kochen. Unter Rühren 20 Min. bei schwacher Hitze ziehen lassen. Sobald der Glühwein fertig ist, mit etwas Zucker oder Honig abschmecken. In Gläser oder Tassen füllen und mit 1 Teil der Zimtstangen dekorieren.

MOHNROLLE ODER MOHNPUTIZEN

Für 1 Rolle	
Für den Teig	
1 Pck. Trockenhefe	
100 ml lauwarme Milch	
85 g flüssige Butter	
250 g Mehl	
1 Ei	
1 Eigelb	
2 EL Zucker	
1 Prise Salz	
Für die Füllung	
50 Rosinen	
6 cl brauner Rum	
500 g Mohn-Backmischung (Fertigprodukt, entspricht 2 Packungen)	
1 Eiweiß	
1 Eigelb	
Außerdem	
Nudelholz	
Backpapier	

Zubereitung: 25 Min.

Quellzeit: über Nacht

Ruhezeit: 30 Min.

Backzeit: 35–40 Min.

Pro Portion ca. 265 kcal

9 g EW, 17 g F, 15 g KH

1. Die Rosinen in dem Rum einweichen und über Nacht quellen lassen.

2. Die Trockenhefe in der lauwarmen Milch auflösen. Butter, Mehl, Ei, Eigelb, die Hefemilch, Zucker und Salz zu einem Teig kneten. Dann den Teig 30 Min. warm stellen und gehen lassen.

3. Für die Füllung den Mohn und die Rosinen-Rum-Mischung vermengen.

4. Den Backofen auf 180° vorheizen.

5. Den Teig auf einer bemehlten Arbeitsfläche in ca. 5 mm Dicke zu einem Rechteck in Backblechlänge ausrollen und mit der Füllung bestreichen. Dabei 3 cm Rand frei lassen und den Teig von der breiten Seite her aufrollen. Den Rand auf beiden Seiten mit Eiweiß bestreichen und verkleben.

6. Die Mohnrolle auf ein mit Backpapier ausgelegtes Blech legen und oben mit Eigelb bestreichen. Die Mohnputizen im Ofen (mittlere Schiene) in 35–40 Min. goldbraun backen.

DIE MOHN-BACKMISCHUNG für diesen Gebäckklassiker aus der ungarischen Küche gibt es im Supermarkt. Für eine gelungene Rolle auf jeden Fall nur gemahlenen Mohn verwenden.

FERTIG
IN CA.
20 MIN.

HEIDELBEER-MUFFINS

Für 12 Stück

150 g Heidelbeeren (ersatzweise TK-Ware)
100 ml lauwarme Milch
Mark von 1 Vanilleschote
150 g Mehl
200 g gemahlene Mandeln
2 TL Backpulver
100 g Butter oder Margarine
2 Eier
100 g Sahnequark
100 g Zucker

Außerdem

Muffinform mit 12 Mulden
Fett für die Form

Zubereitung: 20 Min.

Backzeit: 25 Min.
Pro Portion ca. 285 kcal
7 g EW, 19 g F, 21 g KH

1. Den Backofen auf 180° vorheizen. Die Muffinform fetten, sofern sie nicht beschichtet ist. Die Heidelbeeren vorsichtig waschen und verlesen.

2. Die lauwarme Milch in eine große Schüssel füllen. Eine Vanilleschote längs aufschneiden, das Mark herauskratzen und einrühren.

3. Das Mehl mit den Mandeln und dem Backpulver mischen. Butter, Eier, Quark und Zucker in die Vanillemilch einrühren, dann die Mehl-Mandel-Mischung zufügen und alles zu einem glatten Teig verrühren. Die Heidelbeeren unterheben und die Masse in die Mulden verteilen.

4. Die Muffins im Ofen (mittlere Schiene) 25 Min. backen – mit einem Zahnstocher prüfen, ob sie fertig sind. Wenn kein Teig mehr am Holz klebt, die Muffins herausnehmen und kurz abkühlen lassen. Aus der Form lösen und auf einem Teller oder Rost auskühlen lassen.

TIPP **Zu den Heidelbeeren kann man auch noch fein gehackte Schokoladestückchen geben.**

FÜR DEN GROSSEN HUNGER

Hunger ist schlimmer als Heimweh.
Großer Hunger hat zudem den Nachteil,
dass man dazu neigt, sich ganz
schnell irgendetwas hinter die Kiemen zu schieben.
Hauptsache schnell und egal, was drin ist.
Auf den folgenden Seiten
liegt die Rettung. Im Zweifelsfall einfach
mehr davon auf Vorrat zubereiten.

SPINATQUICHE

Für 1 Spring- oder Tarteform (26 cm Ø)
1 Rolle Blätterteig (mit Backpapier)
3 Frühlingszwiebeln
450 g TK-Rahmspinat
2 Eier
200 g Ricotta
150 g Sahne
200 g geriebener Käse
Salz | schwarzer Pfeffer aus der Mühle

Zubereitung: ca. 15 Min.
Backzeit: ca. 25–30 Min.
Pro Portion ca. 260 kcal
10 g EW, 20 g F, 11 g KH

1. Eine Spring- oder Tarteform mit dem Blätterteig auslegen. Die Frühlingszwiebeln waschen, putzen und in dünne Scheiden schneiden. Gleichmäßig auf dem Blätterteig verteilen.
2. Den Backofen auf 200° vorheizen.
3. Den Rahmspinat langsam bei schwacher Hitze in einem Topf auftauen. Dabei immer wieder umrühren. Den weichen Spinat anschließend über der Schicht aus Frühlingszwiebeln verteilen.
4. Eier, Ricotta, Sahne und geriebenen Käse in einer Schüssel mischen. Mit Salz und Pfeffer würzen. Die Creme gleichmäßig auf dem Spinat verteilen und die Quiche im Ofen (mittlere Schiene) in 25–30 Min. goldbraun backen.

SPARGELQUICHE

Für 1 Spring- oder Tarteform (26 cm Ø)
1 Rolle Blätterteig (mit Backpapier)
2 Eier
250 g Sahnequark
100 g Sahne
200 g geriebener Käse
Salz | schwarzer Pfeffer aus der Mühle
1–2 Msp. gemahlene Muskatnuss
500 g grüner Spargel
1–1 ½ EL Kräuter der Provence

Zubereitung: ca. 15 Min.
Backzeit: 25–30 Min.
Pro Portion ca. 235 kcal
9 g EW, 18 g F, 9 g KH

1. Den Backofen auf 200° vorheizen. Eine Spring- oder Tarteform mit dem Blätterteig auslegen.
2. Eier, Quark, Sahne und den geriebenen Käse in einer Schüssel verrühren. Mit Salz, Pfeffer und geriebener Muskatnuss abschmecken. Die Creme gleichmäßig auf den Blätterteig streichen.
3. Den Spargel waschen, an den Enden um 1 cm kürzen und im unteren Drittel schälen. Die Stangen längs halbieren, dann in ca. 3 cm lange Stücke teilen, auf der Quiche verteilen und mit den getrockneten Kräutern bestreuen. Die Quiche im Ofen (mittlere Schiene) in 25–30 Min. goldbraun backen.

KARTOFFELAUFLAUF MIT HACKFLEISCH UND BROKKOLI

FERTIG IN CA. 50 MIN.

Für 2 Personen
200 g festkochende Kartoffeln
Salz
1 Zwiebel
3 EL Öl
400 g gemischtes Hackfleisch
schwarzer Pfeffer aus der Mühle
250 g Brokkoli
400 g Sahne
2 Eier
200 g geriebener Käse
½ TL geriebene Muskatnuss

Außerdem
Auflaufform (29 x 22 cm)
Fett für die Form

Zubereitung: ca. 30 Min.
Backzeit: 20 Min.
Pro Portion ca. 1800 kcal
80 g EW, 150 g F, 22 g KH

1. Die Kartoffeln schälen und in einem Topf mit Salzwasser bissfest kochen; dann in dünne Scheiben schneiden. Eine Auflaufform dünn fetten und mit der Hälfte der Kartoffelscheiben auslegen.

2. Den Backofen auf 180° vorheizen.

3. Während die Kartoffel kochen, die Zwiebeln abziehen und fein würfeln. Das Öl in der Pfanne erhitzen und das Hackfleisch darin kross anbraten. Dann die Zwiebeln dazugeben und glasig mitanbraten. Das Hackfleisch salzen und pfeffern, dann die Pfanne vom Herd ziehen.

4. Den Brokkoli waschen und die Röschen vom Stamm brechen. Größere Röschen halbieren und vierteln. Sahne, Eier und Käse in einer Schüssel verrühren. Das Hackfleisch und den Brokkoli dazugeben, mit Salz, Pfeffer und Muskatnuss abschmecken.

5. Eine Schicht der Hackfleischmischung auf den Kartoffeln verteilen; dann die restlichen Kartoffelscheiben darauflegen und mit der Hackfleischmasse bedecken. In den Ofen schieben (mittlere Schiene) und 20 Min. backen. Sobald sich die Kruste braun färbt, herausnehmen und servieren.

MACHT SATT und mindestens zwei Personen glücklich. Der Kartoffelauflauf gelingt mit wenigen und einfachen Zutaten, die in eine Auflaufform geschichtet und überbacken werden.

FERTIG
IN CA.
50 MIN.

OFENGESCHNETZELTES

Für 2 Personen
1 Zwiebel
400 g Putenbrustfilet
3 EL Öl
Salz | schwarzer Pfeffer aus der Mühle
1 TL Paprikapulver (edelsüß)
8 cl Marsala (ersatzweise Cognac, Sherry oder Brandy)
300 g Sahne
3 EL Crème fraîche
200 g Knöpfli, vorgekocht (Kühlregal, Supermarkt)
200 g geriebener Käse
Außerdem
Auflaufform (29 x 22 cm)
Fett für die Form

Zubereitung: 15 Min.
Backzeit: 20 Min.
Pro Portion ca. 1300 kcal
90 g EW, 100 g F, 30 g KH

1. Den Backofen auf 180° vorheizen.
2. Die Zwiebel abziehen und fein würfeln. Die Putenbrustfilets in 2 cm breite Streifen schneiden.
3. Das Öl in der Pfanne erhitzen und die Zwiebel darin dünsten. Das Fleisch salzen, pfeffern, mit dem Paprikapulver bestäuben, zu den Zwiebeln geben und von allen Seiten kross anbraten. Mit Marsala ablöschen, mit der Sahne aufgießen und alles bei mittlerer Hitze etwas einkochen lassen.
4. Die Pfanne vom Herd ziehen, die Crème fraîche unterrühren und die Sauce mit Salz und Pfeffer abschmecken. Das Fleisch wird erst im Ofen fertig gegart.
5. Die Form leicht fetten, die Knöpfli einfüllen und das Geschnetzelte darüberschichten. Den Käse aufstreuen und das Geschnetzelte im Ofen (mittlere Schiene) in 20 Min. überbacken. Herausnehmen und vor dem Servieren noch 5 Min. in der Form ruhen lassen.

TIPP **Ohne Ofen funktioniert das Rezept auch: Dazu nach dem Einkochen (Step 3) die Hitze reduzieren, Crème fraîche und Knöpfli unterrühren, den Käse darüberstreuen und mit einem Deckel zudecken. Bei schwacher bis mittlerer Hitze garen, bis der Käse zerläuft.**

FERTIG IN CA. 20 MIN.

SCHWEINEMEDAILLONS
IN ZITRONENRAHM

Für 2 Personen

2 unbehandelte Zitronen
1 Zwiebel
400 g Schweinefilet
Salz | schwarzer Pfeffer aus der Mühle
3 EL Öl
200 g Sahne
2–3 frische Salbeizweige
4 EL Crème fraîche
Saft von 1 Zitrone

Zubereitung: 20 Min.

Pro Portion ca. 770 kcal
46 g EW, 65 g F, 7 g KH

1. Die Zitronen heiß abspülen und abtrocknen. Die Schale möglichst dünn mit einem Kartoffelschäler abschälen – ohne die bittere, weiße Unterhaut.

2. Die Zwiebel abziehen und fein würfeln. Die Filets von beiden Seiten salzen und pfeffern. Das Öl in einer Pfanne erhitzen und Zwiebelwürfel, Zitronenschalen und die Filets bei starker Hitze scharf anbraten. Sobald das Fleisch goldbraun ist, mit der Sahne ablöschen.

3. Die Salbeizweige in die Sauce legen und bei schwacher Hitze etwas kochen lassen. Nach 10 Min. die Sauce mit Crème fraîche, Salz, Pfeffer und etwas Zitronensaft abschmecken.

TIPP **Als Beilage passen Salzkartoffeln, Spätzle oder auch Nudeln, die selbst neutral schmecken, um so das Zitronen-Salbei-Aroma gut zur Geltung zu bringen.**

ANSTELLE VON NUDELN und Spätzle schmeckt auch frisches Brot zum Filet in Sauce. Das Beste kommt dann zum Schluss: Den köstlichen Zitronenrahm mit Salbeiaroma auftunken.

OFENKARTOFFEL
MIT KRÄUTERCREME

Für 1 Person

1 große festkochende Kartoffel
1 EL Olivenöl
1 Frühlingszwiebel
100 g Hüttenkäse
1 TL Salatkräutermischung (getrocknet oder TK)
Saft von 1/2 Zitrone
Salz | schwarzer Pfeffer aus der Mühle

Für sehr Hungrige

1 TL Öl
200–300 g Rindersteak (ersatzweise Halsgratkotelett oder T-Bone-Steak)
1 TL Balsamico-Essig

Zubereitung: 10 Min.

Backzeit: 20 Min.
Pro Portion ca. 1030 kcal
65 g EW, 70 g F, 33 g KH

1. Den Backofen auf 200° vorheizen.
2. Die Kartoffel waschen, abtrocknen und mit einer Gabel mehrfach anstechen. Mit Olivenöl einreiben, in Alufolie wickeln, auf einen Rost legen und im Ofen (mittlere Schiene) 20 Min. backen.
3. Inzwischen die Frühlingszwiebel waschen und fein schneiden. Den Hüttenkäse mit der Kräutermischung, der Frühlingszwiebel und dem Zitronensaft verrühren. Mit Salz und Pfeffer abschmecken.
4. Wer sehr hungrig ist, erhitzt jetzt das Öl in der Pfanne und brät das Steak je nach Dicke in ca. 5 Min. auf beiden Seiten.
5. Die Kartoffel ist fertig, wenn sie sich leicht mit einer Gabel oder einem spitzen Messer anstechen lässt. Dazu muss man erst einmal durch die Alufolie hindurch. Ist die Kartoffel gar, diese in der Folie mittendurch schneiden. Die Kräuter-Käse-Mischung einfüllen und (mit dem Steak) servieren. Das Steak noch mit einigen Spritzern Balsamico beträufeln.

TIPP **Alternativ zur Käsecreme kann man auch Kräuter- oder Knoblauchbutter verwenden. Letztere lässt sich übrigens auch schnell selbst machen: Dazu die gewünschte zimmerwarme Menge an Butter mit gehacktem oder gepresstem Knoblauch mischen und mit etwas Salz abschmecken. Sollte es schneller gehen, kann man statt der Ofenkartoffel auch eine Pellkartoffel reichen.**

DIE IDEALEN GEGENMITTEL BEI RIESENHUNGER: OFENKARTOFFEL ODER DEFTIGES GRÖSTL.

TIROLER GRÖSTL

Für 2 Personen

2 Zwiebeln
250 g Bauchspeck
3 EL Öl
800 g festkochende Kartoffeln
Salz | schwarzer Pfeffer aus der Mühle
etwas Tabasco

Zubereitung: 25 Min.

Pro Portion ca. 780 kcal
26 g EW, 53 g F, 50 g KH

1. Die Zwiebeln abziehen und in dünne Scheiben schneiden. Den Bauchspeck klein würfeln. Das Öl in einer Pfanne erhitzen und beides darin anbraten.

2. Die Kartoffeln waschen, schälen, ebenfalls in dünne Scheiben schneiden und in die Pfanne dazugeben. Reichlich Pflanzenöl dazugießen.

3. Das Gröstl unter Rühren kross anbraten. Zum Schluss noch mit Salz, Pfeffer und 2–3 Spritzer Tabasco würzen und am besten heiß aus der Pfanne essen.

HEIMWEH

Wie schön war es, endlich auszuziehen. Raus aus dem allzu Altbekannten, wo jede Straße, jeder Platz und jede Ecke schon lange kein Geheimnis mehr barg. Dann ging es nur noch darum, das Auto vollzupacken mit seinen Siebensachen und sich auf den Weg zu machen. Jetzt ist man angekommen, draußen, sitzt in einer fremden Stadt, sieht neue Gesichter – und an manchen Tagen kommt dann das Gefühl, wo einem genau jenes Altbekannte fehlt, und das Heimweh zu nagen beginnt. In diesen Situationen hilft nur eines: ein gutes Essen wie bei Muttern. Schon der Duft vertreibt jeden trüben Gedanken.

WIENER SCHNITZEL
MIT BRATKARTOFFELN

Für 2 Personen
300 g festkochende Kartoffeln
1 Zwiebel
5 EL Öl für die Kartoffeln und 4 EL Öl für die Schnitzel
100 g Mehl
1 Ei
1 TL mittelscharfer Senf
200 g Semmelbrösel
2 Schweineschnitzel à 200 g (edler und natürlich teurer: Kalbsschnitzel, so wie es sich für das Original gehört)
Salz | schwarzer Pfeffer aus der Mühle
1 EL Butter
½ Zitrone
Außerdem
2 Pfannen

Zubereitung: 30 Min.
Pro Portion ca. 1130 kcal
68 g EW, 39 g F, 127 g KH

1. Die Kartoffeln waschen, schälen und in ca. 5 mm dicke Scheiben schneiden. Die Zwiebel abziehen und in feine Scheiben schneiden. 5 EL Öl in einer Pfanne erhitzen. Die Kartoffelscheiben einlegen und ca. 10 Min. braten, dann einzeln wenden, die Zwiebelscheiben dazugeben und bei geringerer Hitze weitere 10 Min. braten.

2. Das Mehl auf einen Teller geben. In einem tiefen Teller das Ei mit dem Senf verquirlen. Auf einen dritten Teller die Semmelbrösel geben.

3. Die Schnitzel mit einem kleinen Topf oder einem stabilen Glas flach drücken und von beiden Seiten salzen und pfeffern. Dann sofort im Mehl wälzen, durch das verquirlte Ei ziehen und zuletzt in den Semmelbröseln wenden. Jede Schicht muss das Schnitzel ganz bedecken.

4. 4 EL Öl oder Bratenfett in der zweiten beschichteten Pfanne erhitzen und die Schnitzel darin auf einer Seite in ca. 3 Min. ausbacken; dann wenden, die Butter zugeben und weitere 3 Min. braten. Herausnehmen und auf Küchenpapier entfetten.

5. Die Kartoffeln sind fertig, wenn sie innen weich und außen kross sind. Vor dem Servieren auf Küchenpapier entfetten und salzen und pfeffern. Die Schnitzel mit den Kartoffeln auf 2 Tellern anrichten. Die Zitrone vierteln und zum Beträufeln dazulegen.

FERTIG
IN CA.
10 MIN.

GEFÜLLTE ZUCCHINI
IN DILLSAUCE

Für 2 Personen

4 dicke Zucchini (à 200-250 g)
100 g Reis
½ Zwiebel
1 Ei
250 g gemischtes Hackfleisch
Salz | schwarzer Pfeffer aus der Mühle
½ Bund Dill
5 EL Öl
3 EL Mehl
500 ml kalte Gemüse- oder Geflügelbrühe (Instant oder Brühpulver)
1 TL saure Sahne

Zubereitung: 25–30 Min.

Kochzeit: 10–20 Min.
Pro Portion ca. 945 kcal
42 g EW, 57 g F, 66 g KH

1. Die Zucchini waschen. Längs halbieren, bis auf das obere Ende, und dann mit einem Esslöffel die Kerne herausschaben.

2. In einem Topf Wasser zum Kochen bringen und den Reis nach Packungsanleitung darin garen. Die Zwiebel abziehen, fein würfeln und mit dem Reis, dem Ei und dem Hackfleisch mischen. Mit etwas Salz und Pfeffer abschmecken und die Zucchinihälften damit füllen.

3. Den Dill waschen, trocken schütteln, 4 Stängel zur Dekoration beiseitelegen und den Rest fein schneiden. Das Öl in einer großen Pfanne oder einem breiten Topf erwärmen und darin das Mehl und den Dill verrühren.

4. Jetzt unter ständigem Rühren die Brühe nach und nach dazugießen. Die Sauce soll nicht zu dünn, sondern sämig werden.

5. Die gefüllten Zucchini in die Sauce legen, langsam zum Kochen bringen und dabei vorsichtig die Sauce rühren. Bei mittlerer Hitze 10–20 Min. garen. Zum Servieren in einen tiefen Teller oder eine Schale geben und mit jeweils 1 Klecks saurer Sahne sowie Dillstängeln dekorieren.

GEFÜLLTE PAPRIKA – ASIATISCH-SCHARF

Für 4 Stück

4 rote oder gelbe Paprikaschoten
2 Frühlingszwiebeln
2 Knoblauchzehen
5 frische grüne Pfefferminzstangel
1–2 frische Chilischoten (rot oder grün)
300 g gemischtes Hackfleisch
(zur Abwechslung: Putenhackfleisch)
2 Eier
Salz | schwarzer Pfeffer aus der Mühle
200 ml Gemüsebrühe (Instant)

Zubereitung: 10 Min.

Backzeit: 35 Min.
Pro Portion ca. 280 kcal
21 g EW, 19 g F, 6 g KH

1. Den Backofen auf 200° vorheizen.
2. Die Paprikaschoten waschen, putzen, die Deckel oben abschneiden und die Früchte entkernen; dann nochmals waschen. Die Frühlingszwiebeln waschen und fein schneiden. Den Knoblauch abziehen und fein hacken oder pressen. Die Pfefferminze waschen, trocken schütteln und fein schneiden. Die Chilischoten waschen, entkernen und fein schneiden.
3. Frühlingszwiebeln, Knoblauch und Kräuter mit dem Hackfleisch und den Eiern verrühren. Nach Belieben ein wenig von der Chilischote dazugeben. Dann die Mischung salzen und pfeffern. Vorsicht: Beim Arbeiten mit Chilischoten unbedingt danach die Hände waschen!
4. Die Paprikaschoten mit der Hackfleischmischung füllen und in eine kleine Auflaufform stellen. Die Gemüsebrühe ca. 1 cm hoch dazugießen.
5. Die Paprikaschoten 35 Min. im Ofen (mittlere Schiene) garen. Zwischendurch 2- bis 3-mal mit der Brühe aus der Form übergießen. Nach der Backzeit herausnehmen, auf einem Teller anrichten und mit etwas Sauce begießen. Dazu schmeckt ein Stück Bauernbrot zum Tunken oder Reis.

TIPP **Wer das Gericht im Topf zubereiten möchte, braucht etwas mehr Flüssigkeit dazu: Noch 1 Dose Pizza-Tomaten zugeben, langsam zum Kochen bringen und 30 Min. bei mittlerer Hitze garen.**

DIE GEFÜLLTEN PAPRIKASCHOTEN mit würzig-scharfem Pfefferminzaroma schmecken auch den besten Freunden. Dazu gibt es Reis oder eine Scheibe frisches Bauernbrot.

CEVAPCICI

Für 10 Stück

1 Zwiebel
1 Knoblauchzehe
500 g gemischtes Hackfleisch
Salz | schwarzer Pfeffer aus der Mühle
3 EL Öl

Außerdem

1 Zwiebel
1 Glas Ayvar (Supermarkt, türkisches Feinkostgeschäft)

Zubereitung: ca. 15 Min.
Pro Portion ca. 160 kcal
10 g EW, 13 g F, 0 g KH

1. Die Zwiebel abziehen und fein würfeln. Den Knoblauch abziehen und ebenfalls fein würfeln oder pressen. Das Hackfleisch mit den Zwiebelwürfeln und dem Knoblauch mischen und mit Salz und Pfeffer kräftig würzen.
2. Auf der Arbeitsfläche aus der Hackfleischmischung eine lange daumendicke Rolle formen. Diese dann in 10 gleich lange Stücke teilen.
3. Das Öl in der Pfanne erhitzen und die Cevapcici darin rundherum anbraten. Als Beilage werden traditionell frisch geschnittene Zwiebeln und Ayvar dazu gegessen.

ZUCCHINI-TOMATEN-GEMÜSE *MIT PARMESANSPÄNEN*

Für 1 kleine Auflaufform (29 x 22 cm)

2 Zucchini
250 g Kirschtomaten
je 1 Thymianzweig, Basilikumstängel und Oreganozweig (ersatzweise 1 TL getrocknet)
3 EL Olivenöl
100 g gehobelter Parmesan
Salz | schwarzer Pfeffer aus der Mühle
Butter für die Form

Zubereitung: 10 Min.
Backzeit: 15 Min.
Pro Portion ca. 215 kcal
11 g EW, 17 g F, 4 g KH

1. Den Backofen auf 180° vorheizen.
2. Zucchini waschen, schälen und klein schneiden. Die Kirschtomaten waschen und halbieren. Eine Auflaufform mit Butter fetten und das Gemüse hineingeben.
3. Die Kräuter waschen, trocken schütteln und fein schneiden. Das Olivenöl über das Gemüse träufeln, den Parmesan untermischen und mit Salz und Pfeffer würzen.
4. Den Auflauf im Ofen (mittlere Schiene) 15 Min. backen. Heiß servieren.

TIPP **Das Gemüse alleine schmeckt schon sehr lecker, ist aber auch eine hervorragende Beilage für Fisch oder Fleisch. Das Gericht lässt sich auch einfach in der Pfanne zubereiten.**

CEVAPCICI UND GEMÜSE PASSEN GUT ZUSAMMEN.

GEBACKENE **AUBERGINEN**

Für 2 Personen

1 große Aubergine
Salz
je 1 Zweig Rosmarin, Basilikum, Petersilie
1 Knoblauchzehe
5 EL Olivenöl
1 Ei | 2 EL Mehl
schwarzer Pfeffer aus der Mühle

Zubereitung: 20 Min.

Pro Portion ca. 330 kcal
7 g EW, 28 g F, 13 g KH

1. Aubergine waschen, in ca. 1 cm dicke Scheiben schneiden, salzen und 5 Min. ziehen lassen. Dann mit Küchenpapier trocken tupfen.

2. Kräuter waschen, Blättchen abzupfen und fein schneiden. Knoblauch abziehen und pressen. Mit 2 EL Öl vermischen und die Auberginen damit bestreichen.

3. Ei, Mehl, 1 Prise Salz und Pfeffer verrühren. Das restliche Öl erhitzen, die Auberginenscheiben durch die Mehlmischung ziehen und im Öl von beiden Seiten braten.

FLEISCHPFLANZERL
(FRIKADELLEN) MIT BAYERISCHEM KARTOFFELSALAT

FERTIG IN CA. 20 MIN.

Für 4 Stück

Für den Kartoffelsalat

300 g festkochende Kartoffeln
Salz
1 Zwiebel
250 ml warme Gemüsebrühe (Instant)
5 EL weißer Essig
1–2 EL Olivenöl
schwarzer Pfeffer aus der Mühle
etwas Senf nach Belieben

Für die Fleischpflanzerl

1 Zwiebel
½ Bund Petersilie
2 TL mittelscharfer Senf
1 Ei
300 g gemischtes Hackfleisch
Salz | schwarzer Pfeffer aus der Mühle
5 EL Öl

Zubereitung: ca. 40 Min.

Ruhezeit: 20 Min. oder über Nacht
Pro Portion ca. 435 kcal
19 g EW, 35 g F, 11 g KH

1. Für den Kartoffelsalat die Kartoffeln waschen, schälen und in einem Topf mit Salzwasser kochen. Die Zwiebel abziehen, fein würfeln und beiseitestellen.

2. Für die Fleischpflanzerl die Zwiebel abziehen und fein würfeln. Die Petersilie waschen, trocken schütteln und fein schneiden. Zwiebelwürfel, Petersilie, Senf und Ei unter das Hackfleisch mischen und mit Salz und Pfeffer kräftig würzen.

3. Die garen Kartoffeln aus dem Wasser nehmen, heiß in ca. 5 mm starke Scheiben schneiden und in eine Schüssel geben. Die Zwiebel untermischen und nach und nach mit der Brühe übergießen. Essig und Olivenöl darin verrühren, mit Salz und Pfeffer würzen und mit etwas mittelscharfen oder scharfen Senf abschmecken.

4. Den Salat 20 Min. ruhen lassen – oder noch besser über Nacht in den Kühlschrank stellen. 20 Min. vor dem Servieren aus dem Kühlschrank nehmen, noch einmal durchmischen und mit Salz, Pfeffer und Essig abschmecken.

5. 4–6 gleich große, flache Pflanzerl formen. Das Öl in einer Pfanne erhitzen und die Pflanzerl darin rundherum bei mittlerer bis starker Hitze in ca. 10 Min. ausbraten. Mit dem Kartoffelsalat servieren.

TIPP **Für gehaltvollere Frikadellen 200 g Hackfleisch mit 100 g eingeweichten und gewürfelten Brötchen verkneten.**

AUCH FÜR NORDLICHTER mit großem Appetit eine Offenbarung: Die knusprig gebackenen Frikadellen mit Kartoffelsalat in Essig und Öl machen nicht nur nach langen Tagen glücklich.

FERTIG
IN CA.
20 MIN.

BIG BACON-CHEESEBURGER

Für 1 Person

½ Zwiebel
250 g Rinderhackfleisch
1 Eigelb
1 TL mittelscharfer Senf
Salz | schwarzer Pfeffer aus der Mühle
3 EL Öl
2 Scheiben Bacon (Frühstücksspeck)
1 Burger-Brötchen (Supermarkt)
1 TL Ketchup
1 kleine Essiggurke
2 Scheiben Cheddar-Schmelzkäse
2 Tomatenscheiben
1 Salatblatt

Zubereitung: ca. 20 Min.

Pro Portion ca. 1600 kcal
86 g EW, 127 g F, 34 g KH

1. Die Zwiebel abziehen, fein würfeln und mit dem Hackfleisch, Eigelb und ½ TL Senf mischen. Mit Salz und Pfeffer würzen und die Masse zu einem großen Burger formen.
2. Das Öl in einer Pfanne erhitzen. Die Speckstreifen in die Pfanne geben, dann den Burger darin von beiden Seiten in 5–10 Min. bei mittlerer Hitze gut durchbraten. Wer ihn lieber „medium" oder „englisch" mag, lässt ihn weniger lang in der Pfanne. Den Speck so lange braten, bis er kross ist.
3. Das Brötchen halbieren und auf den Innenseiten kurz in einer trockenen Pfanne anrösten. Eine Hälfte mit Senf und die andere mit Ketchup bestreichen.
4. Die Essiggurke halbieren. Dann auf die eine Brötchenhälfte mit dem Senf der Reihe nach 2 Gurkenscheiben, 1 Käsescheibe, den Burger, 1 Käsescheibe, den Bacon, die Tomatenscheibe und das Salatblatt legen. Die zweite Brötchenhälfte darüberlegen und hineinbeißen!

SPARGEL-RISOTTO

Für 4 Personen
2 Zwiebeln
1 l Geflügelbrühe (Instant)
400 g grüner Spargel (dünne Stangen)
50 g Butter
250 g Risottoreis (oder Rundkornreis)
200 ml trockener Weißwein
1 EL Olivenöl
Salz | schwarzer Pfeffer aus der Mühle
100 g geriebener Parmesan

Zubereitung: ca. 15 Min.
Kochzeit: 30 Min.
Pro Portion ca. 495 kcal
17 g EW, 22 g F, 51 g KH

1. Die Zwiebeln abziehen und fein würfeln. Die Brühe erhitzen. Den Spargel waschen, die Enden abschneiden und das untere Drittel schälen, die Spargelstangen schräg in ca. 3 cm lange Stücke schneiden.

2. Die Butter in einer Pfanne schmelzen. Den Reis darin einrühren und garen, bis die Butter aufgesogen ist – das dauert ca. 2 Min., dann die Zwiebelwürfel untermischen. Mit dem Weißwein ablöschen und rühren, bis der Wein aufgesogen ist.

3. Die heiße Brühe unter Rühren portionsweise zum Risotto dazugeben (immer nur so viel Brühe dazugießen, dass der Reis gerade eben bedeckt ist) und unter gelegentlichem Rühren 15–20 Min. bei geringer Hitze quellen lassen.

4. Inzwischen das Öl in einer Pfanne erhitzen und die Spargelstücke darin ca. 1–2 Min. unter Wenden anbraten. Die Spargelstücke nach 5 Min. Garzeit des Risottos darin untermischen.

5. Das Risotto mit Salz und Pfeffer würzen. Der Reis sollte bissfest sein, also nicht zu hart und nicht zu weich – evtl. noch etwas Weißwein oder Brühe nachgießen und leicht einkochen lassen. Den frisch geriebenen Parmesan untermischen und das Risotto anrichten.

RISI E BISI MIT PUTE

Für 4 Personen
Salz
200 g Reis (ersatzweise Wildreis)
400 g Putenbrust- oder Hähnchenbrustfilet
2 Zwiebeln
2 rote Paprikaschoten
100 g feine Erbsen (1 Dose à 125 ml)
100 g Mais (1 Dose à 125 ml)
2 EL Öl
Salz | schwarzer Pfeffer aus der Mühle
100 ml heiße Brühe (Instant)
2 EL Ayvar (oder ein rotes Pesto)

Zubereitung: 20 Min.
Pro Portion ca. 405 kcal
30 g EW, 12 g F, 46 g KH

DAS KLASSISCH-ITALIENISCHE RISI BISI AUS REIS UND ERBSEN – AUFGEPEPPT MIT PUTE.

1. Wasser in einem Topf zum Kochen bringen, leicht salzen und den Reis nach Packungsanweisung darin garen. In ein Sieb abgießen und warm stellen.

2. Inzwischen das Fleisch waschen, trocken tupfen und in dünne Streifen schneiden. Die Zwiebeln abziehen und fein würfeln. Die Paprikaschoten waschen, putzen, halbieren, weiße Trennwände und Kerne entfernen, die Hälften nochmals waschen und würfeln. Erbsen und Mais in einem Sieb abtropfen lassen.

3. Das Öl in einer Pfanne erhitzen und das Fleisch darin von allen Seiten anbraten. Herausnehmen, mit Salz und Pfeffer würzen und beiseitestellen. Die Zwiebeln und Paprikawürfel in der Pfanne anbraten, dann mit der Brühe ablöschen und ca. 5 Min. einkochen lassen.

4. Fleisch, Erbsen und Mais dazugeben, ca. 1 Min. umrühren und dann den Reis dazugeben. Nochmals umrühren und dann die Pfanne vom Herd nehmen. Das Ayvar untermischen und das Risi e bisi mit Salz und Pfeffer abschmecken.

ORIENTALISCHE
AUBERGINEN-HACKROLLE

Für 2–4 Personen

1 rote Zwiebel
3 EL Öl
100 g gemischtes Hackfleisch
½ Aubergine
250 ml Pizza-Tomaten (Dose)
1 TL Zimt
2 EL Sultaninen (oder Rosinen)
Salz | schwarzer Pfeffer aus der Mühle
½–1 ½ EL Cayennepfeffer
1 EL Crème fraîche
1 Rolle Blätterteig
1 Eigelb

Außerdem:

Backpapier

Zubereitung: ca. 25 Min.

Backzeit: 20 Min.
Pro Portion ca. 490 kcal
12 g EW, 34 g F, 36 g KH

INFO **Reicht für vier Personen als Vorspeise oder für zwei als sättigendes Hauptgericht.**

1. Die Zwiebel abziehen und fein würfeln. Das Öl in einer Pfanne erhitzen und die Zwiebel darin dünsten. Das Hackfleisch dazugeben und braten. Die Aubergine waschen, schälen, in Würfel schneiden und mit den Tomaten, dem Zimt und den Sultaninen oder Rosinen in die Pfanne geben.

2. 8–12 Min. garen, bis das Hackfleisch durch ist. Mit Salz, Pfeffer und Cayennepfeffer abschmecken. Die Sauce darf ruhig würzig schmecken. So lange einkochen, bis sie eher dickflüssig ist. Jetzt die Crème fraîche dazugeben und dann wieder abschmecken.

3. Den Backofen auf 180° vorheizen.

4. Ein Backblech mit Backpapier auslegen oder fetten. Den Blätterteig darauf auslegen und eine Längshälfte mit der Sauce bestreichen. Dabei 2 cm Rand frei lassen. Den freien Rand mit etwas Eigelb bepinseln, und den Teig von der bestrichenen, also der breiten Seite her einrollen. Die Rolle von außen noch einmal mit Eigelb bestreichen und im Ofen (mittlere Schiene) in 20 Min. backen. Sobald die Auberginen-Hackrolle goldgelb ist, herausnehmen und servieren.

RAHMSCHWAMMERL
MIT RIESEN-SEMMELKNÖDEL

Für 2 Personen

- ¼ l Milch
- 400 g Knödelbrot
- 1 Bund glatte Petersilie
- 3 Eier
- Salz | schwarzer Pfeffer aus der Mühle
- 400 g Pilze (z. B. Pfifferlinge, Egerlinge, Champignons etc.)
- 1 Zwiebel
- 3 EL Öl
- 300 g Sahne
- 2 EL Crème fraîche

Zubereitung: ca. 40 Min.

Pro Portion ca. 1380 kcal

41 g EW, 86 g F, 110 g KH

1. Die Milch in einem Topf erhitzen und über das Knödelbrot gießen, sodass sie völlig vom Brot aufgesogen wird. Petersilie waschen, trocken schütteln und fein schneiden. Die Eier, die Hälfte der Petersilie und etwas Salz und Pfeffer darunterheben. Gut durchmischen und etwa 4–6 gleich große Knödel formen.

2. In einem großen Topf reichlich Wasser mit etwas Salz zum Kochen bringen und die Knödel hineingeben. Sobald sie an die Oberfläche steigen, noch 5 Min. sieden lassen und herausheben.

3. Die Pilze mit einer Gemüsebürste abreiben, putzen und je nach Größe halbieren oder vierteln. Die Zwiebel abziehen und fein würfeln. Das Öl in einer Pfanne erhitzen und die Zwiebelwürfel und die Pilze darin dünsten. 1 EL der übrigen Petersilie beiseitelegen und den Rest mit 1 Prise Salz und Pfeffer unter die Schwammerl (Pilze) rühren. Immer wieder gut durchrühren.

4. Nach 5 Min. die Sahne dazugießen und die Sauce 8 Min. leicht kochen lassen. Vom Herd ziehen, die Crème fraîche daruntermischen und mit Salz und Pfeffer abschmecken. Die Knödel auf 2 Suppenteller verteilen, die Sauce darübergießen und etwas Petersilie darüberstreuen.

EIN BAYERISCHER KLASSIKER, der im Herbst Saison hat. Dann kommen Pilze aus dem Wald (z. B. Steinpilze, Rehlinge oder Rotkappen) in die Sauce.

BEEINDRUCKEN

Wochenende, Geburtstag, eine Prüfung geschafft – oder ein ganz normaler Tag, an dem Verwöhnen auf dem Programm stehen soll. Kulinarisch versteht sich. Auf den folgenden Seiten sind einige feine Variationen von Rezeptklassikern und Neukreationen versammelt – für ein romantisches Tête-à-Tête, ein Abendessen mit den lieben Eltern oder einen inspirierenden Abend mit den besten Freunden.

VITELLO TONNATO

Für 2 Personen

400 g Schwanzrolle vom Kalb (das ist aus der Unterschale)
Salz | schwarzer Pfeffer aus der Mühle
3 EL Öl
300 ml Weißwein (ersatzweise Wasser)
1 Möhre | 1 Frühlingszwiebel
50 g Petersilienwurzel
80 g Thunfisch (Dose, 100 ml)
2 EL Mayonnaise
1–3 EL weißer Essig
1 EL Kapern

Außerdem

Pürierstab

Zubereitung: 20 Min.

Ruhezeit: 1 Std.
Pro Portion ca. 690 kcal
55 g EW, 38 g F, 9 g KH

1. Das Fleisch rundherum gut salzen und pfeffern. Öl in einer Pfanne mit hohem Rand oder in einem breiten Topf erhitzen und das Fleisch darin bei mittlerer Hitze von allen Seiten anbraten.
2. Mit dem Weißwein ablöschen und mit so viel lauwarmem Wasser übergießen, dass das Fleisch bedeckt ist.
3. Das Gemüse waschen und im Ganzen dazugeben. Alles zum Kochen bringen und 10 Min. bei starker Hitze garen. Die Hitze reduzieren und abgedeckt 1 Std. ziehen lassen.
4. Den Thunfisch in einem Sieb abtropfen lassen und mit der Mayonnaise zusammen pürieren. Mit weißem Essig sowie Salz und Pfeffer abschmecken und kühl stellen.
5. Das Fleisch aus dem Sud nehmen und auskühlen lassen. Zum Servieren mit einem scharfen Messer in dünne Scheiben schneiden und fächerförmig auf einen großen Teller legen. Die Thunfischcreme darüberstreichen und mit den Kapern garnieren. Dazu passen Grissini oder Ciabatta.

TIPP **Das Fleisch kann man auch am Tag zuvor vorbereiten und über Nacht in den Kühlschrank stellen. Den Sud im Kühlschrank aufbewahren und ihn als Suppe oder Saucenbasis verwenden.**

RINDERTATAR *MIT ZWIEBELKONFITÜRE UND SPIEGELEI*

Für 1 bis 2 Personen

4 rote Zwiebeln
2 EL Butter
3–5 EL Zucker
300 ml trockener Rotwein
300 g Tatar
1 Eigelb
½ TL mittelscharfer Senf
1–2 EL Balsamico-Essig
Salz | schwarzer Pfeffer aus der Mühle
2 EL Öl
4 frische Eier

Außerdem

1–2 Scheiben dunkles Lieblingsbrot

BEEINDRUCKENDE VORSPEISEN – HIER ENTSCHEIDET DIE QUALITÄT DER PRODUKTE.

Zubereitung: 15 Min.
Kochzeit: ca. 45 Min.
Pro Portion ca. 930 kcal
47 g EW, 40 g F, 69 g KH

1. Die Zwiebeln abziehen und in dünne Scheiben schneiden. Die Butter in einer Pfanne erhitzen und die Zwiebelscheiben darin unter Wenden leicht anbraten, mit dem Zucker bestäuben und karamellisieren lassen. 150 ml Rotwein dazugießen und unter Rühren bei mittlerer Hitze einkochen lassen. Sobald er fast verdampft ist, den Rest des Weins dazugeben, unter Rühren einkochen und vom Herd nehmen. Das Ganze dauert ca. 1 Std. Die Zwiebelkonfitüre nur leicht abkühlen lassen.

2. Das Tatar mit dem Eigelb, dem Senf und dem Balsamico-Essig mischen. Mit Salz und Pfeffer abschmecken und kühl stellen.

3. Kurz vor dem Servieren das Öl in einer Pfanne erhitzen und 4 Spiegeleier braten.

4. Das Tatar auf einen Teller geben, die Zwiebelkonfitüre danebensetzen und die Spiegeleier darauf anrichten. Zum Schluss etwas Pfeffer darübermahlen und mit dem Brot servieren.

OHNE OFEN

Beeindrucken ohne zu blenden lässt sich in der Küche auch ganz einfach ohne Zuhilfenahme größerer technischer Gerätschaften. Wichtig sind hier allein die Zutaten: gute Qualität und Frische, etwas Zeit sowie Lust und Liebe, etwas richtig Feines für die besten, tollsten und liebsten Menschen zuzubereiten. Und wer eben keinen Ofen hat – so geht's auch.

INVOLTINI DI GALLIO

Für 2 Personen
2 frische Basilikumstängel
1 frischer Petersilienstängel
20 g geriebener Parmesan
20 g entsteinte Oliven
7 EL Olivenöl
Salz | schwarzer Pfeffer aus der Mühle
200 g Hähnchenbrustfilet
etwas Mehl
100 ml Weißwein
100 ml Geflügelbrühe (Instant)
150–200 g frische Gnocchi (Kühlregal)
Außerdem:
Bindfaden oder Holzspieße

Zubereitung: ca. 50 Min.
Pro Portion ca. 1005 kcal
62 g EW, 62 g F, 36 g KH

1. Die Kräuter waschen und trocken schütteln. Mit dem Parmesan, den Oliven sowie 5 EL Öl pürieren, salzen und pfeffern. Die Masse sollte nicht sämig, sondern eher etwas fester sein.

2. Das Hähnchenbrustfilet auf ein Brett legen, mit einem scharfen Messer längs halbieren und die beiden Hälften mit einem kleinen Topf oder einem stabilen Glas sanft flach klopfen. Auf beiden Seiten mit Salz und Pfeffer bestreuen. Die Hähnchenbrustfilets jeweils zur Hälfte mit der Füllung bestreichen und das Fleisch von der bestrichenen zu freien Seite hin einrollen. Mit Bindfäden oder Holzspießen zu einer festen Rolle fixieren.

3. Die Rolle in der Mitte mit einem scharfen Messer durchschneiden. Die beiden Röllchen mit Mehl bestäuben. 2 EL Olivenöl in einer Pfanne erhitzen und die Involtini darin rundherum anbraten. Mit dem Weißwein ablöschen und die Geflügelbrühe dazugießen. Die Röllchen bei schwacher bis mittlerer Hitze ca. 15 Min. leicht kochen.

4. Inzwischen in einem großen Topf reichlich Wasser mit etwas Salz zum Kochen bringen und die Gnocchi darin garen. Sie sind fertig, sobald sie an der Wasseroberfläche schwimmen.

5. Nach 15 Min. die Sauce mit Salz und Pfeffer abschmecken. Die Gnocchi auf einen Teller geben, die Involtini dazulegen und etwas Sauce darüberträufeln. Übrig gebliebene Füllung macht sich gut als kleine Dekoration.

TIPP **Als Vorspeise zu diesem raffinierten Gericht schmeckt das Tomaten-Pecorino-Carpaccio von Seite 77.**

FERTIG
IN CA.
12 MIN.

FISCHFILET IN SESAMKRUSTE

Für 2 Personen

400 g Fischfilet (z. B. Rotbarsch oder eine andere festfleischige Sorte; auch TK-Ware)

Salz | schwarzer Pfeffer aus der Mühle

150 g geschälte Sesamkörner

7 EL Olivenöl

Zubereitung: 12 Min.

Pro Portion ca. 1050 kcal

53 g EW, 85 g F, 23 g KH

1. Die Fischfilets evtl. auftauen, waschen und mit Küchenpapier trocken tupfen; dann beidseitig leicht salzen und pfeffern. Die Filets im Sesam wälzen.

2. Das Öl in einer Pfanne erhitzen und die Filets auf jeder Seite in 3 Min. leicht goldbraun anbraten. Der Fisch sollte in der Mitte noch leicht glasig sein, muss er aber nicht. Dazu passt hervorragend das Orangen-Fenchel-Gemüse.

TIPP **Das Orangen-Fenchel-Gemüse als Grundlage kann zu einem wunderbaren Sommersalat umgewandelt werden. Einfach noch ein gewaschenes und gezupftes Salatherz unter den abgekühlten Fenchel mischen und mit Oliven- oder Nussöl sowie etwas Pfeffer anmachen.**

ORANGEN-FENCHEL-GEMÜSE

Für 2 Personen

2 Fenchelknollen à 150 g

2 Orangen

1 EL Pinienkerne

150 ml Orangensaft mit Fruchtfleisch

½ TL Zimt

1 gestrichener TL Zucker

Salz

Zubereitung: 10 Min.

Backzeit: 30 Min.

Pro Portion ca. 160 kcal

6 g EW, 5 g F, 24 g KH

1. Den Backofen auf 140° vorheizen.

2. Den Fenchel putzen, die harten Strünke entfernen, waschen und in etwa 1 cm breite Streifen schneiden und in eine Auflaufform legen. Die Orangen heiß waschen und abtrocknen. Dann die Früchte sorgfältig schälen und alles Weiße entfernen. Anschließend wird das Fruchtfleisch (Filets) aus den Häutchen geschnitten. In 1 cm breite Scheiben schneiden und unter den Fenchel mischen. Die Pinienkerne in einer beschichteten Pfanne anrösten.

3. Den Orangensaft darübergießen und die Pinienkerne, den Zimt, den Zucker sowie etwas Salz darüberstreuen. Alles gut mischen und im Ofen (mittlere Schiene) 30 Min. garen. Dabei immer wieder umrühren: Der Fenchel muss etwas mehr als lauwarm und bissfest sein.

SCHWEINEBRATEN
MIT SEMMELKNÖDEL

Für 4 Personen
1 kg Schweinebraten (Schulter oder Oberschale mit Schwarte, diese vom Metzger rautenförmig einschneiden lassen)
Salz | schwarzer Pfeffer aus der Mühle
5–7 EL Öl
500 ml Gemüsebrühe (Instant)
1 Bund Suppengrün
1 EL Kümmel
500 ml dunkles Weißbier
2–4 Stängel Petersilie

Außerdem
Bräter oder feuerfester Topf (mit Deckel)

Für die Knödel
Rezept von Seite 116

Zubereitung: ca. 20 Min.
Garzeit: 90 Min.
Pro Portion ca. 470 kcal
57 g EW, 23 g F, 3 g KH

1. Den Backofen auf 200° vorheizen.
2. Das Fleisch kalt abwaschen, trocken tupfen und rundherum kräftig mit Salz und Pfeffer würzen. Das Öl im Bräter erhitzen und das Fleisch rundherum anbraten, bis es knusprig und goldbraun ist. Die Brühe darübergießen. Das Suppengrün waschen, trocken tupfen und im Ganzen dazugeben. Den Kümmel darüberstreuen. Abgedeckt im Ofen (mittlere Schiene) insgesamt 1 ½ Std. garen.
3. Inzwischen die Knödel zubereiten. Nach 80 Min. den Deckel abnehmen und den Ofen auf 250° oder Grillfunktion stellen. 250 ml Weißbier über den Braten gießen. Diesen Vorgang alle 5 Min. 2-mal wiederholen. So bildet sich eine schöne Kruste.
4. Die Petersilie waschen, trocken schütteln und fein hacken. Die Sauce in einen Topf gießen und mit etwas Salz und Pfeffer abschmecken. Sie sollte ein leichtes Kümmel- und etwas kräftigeres Bieraroma haben. Den Braten aufschneiden und je 1 Scheibe mit 1 Knödel auf einen Teller geben. Die Sauce darübergießen und mit Petersilie bestreuen.

TIPP **Klassischer Begleiter zu diesem Gericht ist ein süffiges bayrisches Bier. „Zur Not“ tut es selbstverständlich auch ein Kölsch, Alt, Lager oder was es sonst hierzulande an Bieren gibt.**

BAYRISCH, DEFTIG, GUT. Der Schweinebraten wird schön knusprig, und die Sauce gewinnt eine leichte Süße, wenn das Fleisch gegen Ende der Garzeit mit Weißbier übergossen wird.

SCHARFES KÜRBISGEMÜSE
MIT DILLRAHM

Für 2 Personen

1 kleiner Butternusskürbis (oder Hokkaido)
1 Zwiebel
2 cm Ingwerwurzel
1 Chilischote
3–5 EL Olivenöl
½ Tube Tomatenmark
½ TL Cayennepfeffer
400 ml Gemüsebrühe
150 ml Crème fraîche
3 Dillzweige
Salz | schwarzer Pfeffer aus der Mühle

Außerdem

Fladenbrot

Zubereitung: 25 Min.

Pro Portion ca. 1130 kcal
20 g EW, 62 g F, 117 g KH

1. Den Butternusskürbis schälen (den Hokkaido waschen und putzen, nicht schälen), halbieren, die Kerne mit einem Löffel herausschaben und das Fruchtfleisch auf der Vierkantreibe grob hobeln.
2. Die Zwiebel abziehen und fein würfeln. Den Ingwer schälen und fein hobeln. Die Chilischote waschen, putzen und klein schneiden.
3. Das Öl in einem Topf erhitzen und Kürbis, Ingwer, Tomatenmark und nach Belieben Cayennepfeffer oder fein gewürfelte Chilischote dazugeben. Die Gemüsebrühe dazugießen und alles einkochen, bis der Kürbis weich und die Flüssigkeit verkocht ist.
3. Die Crème fraîche in eine kleine Schüssel geben. Den Dill waschen, trocken schütteln und fein schneiden. Mit der Crème fraîche verrühren und Salz und Pfeffer abschmecken.
4. Das Kürbisgemüse in einer Schale oder mittig auf einem Teller anrichten. Den Dillrahm darübergeben und mit etwas knusprigem Fladenbrot genießen.

TIPP **Ein feines Gericht als Vorspeise oder als Beilage zu der Auberginen-Hackrolle von Seite 115.**

ENTENBRUST *AUF MARONEN-MANDARINEN-SAUCE*

Für 2 Personen

1 Zwiebel
100 g Mandarinen (Dose, 150 ml)
6 EL Öl
250 g gekochte Maronen (Dose, ersatzweise Birnenwürfel)
200 ml trockener Rotwein
1 EL Orangenmarmelade
Salz
schwarzer Pfeffer aus der Mühle
2 Entenbrustfilets à 250 g

Zubereitung: ca. 20 Min.

Backzeit: 40 Min.
Pro Portion ca. 1210 kcal
50 g EW, 75 g F, 68 g KH

HERBSTKLASSIKER: KÜRBISGEMÜSE UND ENTE AUF MARONEN.

1. Die Zwiebel abziehen und in feine Würfel schneiden. Die Mandarinen in einem Sieb abtropfen lassen. 3 EL Öl in einem kleinen Topf erhitzen, Mandarinen und Maronen dazugeben und bei starker Hitze unter Rühren ca. 3 Min. leicht anrösten.

2. Mit dem Rotwein ablöschen. Die Flüssigkeit etwas einkochen. Orangenmarmelade hinzufügen und mit Salz und Pfeffer abschmecken. Dann die Maronen-Mandarinen-Sauce auf ein Backblech gießen und beiseitestellen.

3. Den Backofen auf 100° vorheizen. Evtl. noch vorhandene Federn auf der Entenbrust mit einer Pinzette oder überstehende Haut mit einem scharfen Messer entfernen. Dann die Filets auf der Hautseite gut mit Salz und Pfeffer würzen. 3 EL Öl in einer Pfanne erhitzen und das Fleisch darin 6 Min. auf der Hautseite kross anbraten, wenden und weitere 6 Min. braten.

4. Die Filets mit der Hautseite nach oben auf die Maronen-Mandarinen-Sauce legen. Im Ofen (mittlerer Einschub) 40 Min. backen. Zum Servieren die Entenbrust in etwa ½ cm breite Scheiben aufschneiden und fächerförmig mit der Sauce auf einem Teller anrichten.

FERTIG
IN CA.
10 MIN.

SCAMPI-SPIESSE

Für 2 Personen

12 Garnelenschwänze
1 Knoblauchzehe
je 1 Zweig Basilikum, Thymian und Majoran (ersatzweise 1 TL getrocknete Kräuter)
schwarzer Pfeffer aus der Mühle
3 EL Olivenöl

Außerdem

2 lange Holzspieße

Zubereitung: 10 Min.

Pro Portion ca. 240 kcal
22 g EW, 17 g F, 0 g KH

1. Die Garnelenschwänze waschen, trocken tupfen und auf Holzspieße stecken. Den Knoblauch abziehen und fein würfeln. Die Kräuter waschen und trocken schütteln, die Blättchen abzupfen und fein schneiden.
2. Den Knoblauch, die Kräuter und den Pfeffer in das Olivenöl rühren und die Scampi darin wälzen. Das Olivenöl in einer Pfanne erhitzen und die Scampi-Spieße darin von beiden Seiten in 6 Min. goldbraun braten, Herausnehmen, auf Küchenpapier entfetten und servieren.

KARTOFFEL-LIMETTEN-PÜREE

Für 2 Personen

500 g vorwiegend festkochende Kartoffeln
Salz
3 Limetten
100 g Butter

Außerdem

Kartoffelstampfer

Zubereitung: 25 Min.

Pro Portion ca. 545 kcal
5 g EW, 42 g F, 39 g KH

1. Die Kartoffeln schälen und in einem Topf mit Salzwasser weich kochen.
2. Die Limetten heiß waschen, abtrocknen und nur die obere grüne Schale fein abreiben. Die Butter in einem Topf schmelzen, den Limettenabrieb darunterrühren und ca. 10 Min. bei schwacher Hitze ziehen lassen.
3. Die Kartoffeln herausnehmen und mit der heißen Limettenbutter übergießen. Mit dem Kartoffelstampfer zerkleinern und etwas Salz abschmecken.
4. Zum Servieren mit zwei Esslöffeln Nocken formen. Die Scampi-Spieße und 1 Stück Limettenschale dekorativ darüberlegen.

TIPP **Das Kartoffel-Limetten-Püree passt gut zu fast jedem Fischgericht, aber auch ausgezeichnet zu rahmigen und leicht säuerlichen Fleischsaucen.**

TAGLIATELLE
IN WEISSWEINSAUCE MIT GETROCKNETEN TOMATEN

Für 2 Personen

200 g getrocknete Tomaten in Öl (Glas)
1 Zwiebel
3 EL Pinienkerne
500 ml trockener Weißwein (z. B. Chardonnay)
250 g Sahne
200 g Tagliatelle (Bandnudeln)
Salz | schwarzer Pfeffer aus der Mühle

Zubereitung: ca. 20–25 Min.

Pro Portion ca. 1330 kcal
33 g EW, 57 g F, 135 g KH

1. Die getrockneten Tomaten abtropfen lassen, dann fein hacken. Die Zwiebel abziehen und fein würfeln. 1 TL Pinienkerne zur Dekoration beiseitelegen. Eine beschichtete Pfanne erhitzen und die Tomaten, die Zwiebelwürfel und die Pinienkerne darin anbraten.
2. Mit dem Weißwein ablöschen und unter Rühren einkochen. Immer wieder umrühren. Sobald der Wein zu $^2/_3$ verkocht ist, die Sahne hinzugeben und die Sauce bei geringer Hitze leicht kochen lassen.
3. Inzwischen reichlich Wasser und etwas Salz in einem großen Topf zum Kochen bringen und darin die Nudeln kochen. Sobald sie gar sind, abseihen und auf einen Teller geben. Die Sauce darübergießen und mit den restlichen Pinienkernen garnieren.

HÄHNCHENBRUST
IN BANANEN-BUTTERMILCH MIT COUSCOUS

Für 4 Personen

300 g Möhren
1 Zwiebel
1 Knoblauchzehe
800 g Hähnchenbrustfilet
80 g Cashewkerne
4 EL Öl
2 TL Currypulver
250 g Couscous
½ TL Kurkumapulver (ersatzweise Currypulver)
800 ml warme Gemüsebrühe (Instant)
300 ml Bananen-Buttermilch (Kühlregal)
1 Banane
Salz | schwarzer Pfeffer aus der Mühle

Zubereitung: 30 Min.

Pro Portion ca. 705 kcal
61 g EW, 23 g F, 66 g KH

1. Die Möhren waschen, schälen und in grobe Streifen hobeln. Die Zwiebel abziehen und fein würfeln. Den Knoblauch abziehen und pressen. Das Hähnchenbrustfilet waschen, trocken tupfen und in 2 cm breite Streifen schneiden.
2. Cashewkerne in einer Pfanne ohne Fett goldbraun anrösten, herausnehmen und beiseitestellen. 2 EL Öl in der Pfanne erhitzen. Das Fleisch darin rundherum goldbraun braten. Knoblauch, Möhren und Zwiebelwürfel dazugeben und kurz mit-

ITALIENISCH ODER EXOTISCH? IN JEDEM FALL LECKER – TAGLIATELLE UND HÄHNCHEN-COUSCOUS.

braten dann das Currypulver darüberstreuen.

3. Inzwischen das Couscous in eine Schüssel geben, mit 2 EL Olivenöl beträufeln und einer Gabel auflockern. Kurkuma zum Couscous geben und mit 500 ml warmer Gemüsebrühe übergießen. 5–10 Min. quellen lassen. Dabei das Couscous immer wieder mit einer Gabel auflockern.

4. Die restliche Gemüsebrühe und die Bananen-Buttermilch zum Fleisch dazugießen und unter Rühren aufkochen. Die Banane schälen und in ½ cm dicke Scheiben schneiden. Die Sauce mit Salz und Pfeffer abschmecken, vom Herd nehmen und die Bananenscheiben vorsichtig unterheben.

5. Das Couscous in Ringform auf einem Teller anrichten und das Hühnercurry in die Mitte geben. Mit den Cashewnüssen bestreut servieren.

4
1

2
3

Für die Liebste und Schönste oder den Angebeteten: Unwiderstehliche Desserts zum Abschluss eines Wahnsinnsmenüs oder als gezielt eingesetzte, kulinarische Venusfalle für Süßmäuler und Feinschmecker.

ROSMARIN-PANNA-COTTA (1)

Für 4 Personen
5 Rosmarinzweige
500 g Sahne
50 g Zucker
1 Vanilleschote
2 Blätter weiße Gelatine
100 g Beeren zur Dekoration
Puderzucker zum Bestäuben
Außerdem
4 Glas- oder Porzellanförmchen
Zubereitung: 15 Min.
Kühlzeit: 4 Std. oder über Nacht
Pro Portion ca. 450 kcal
4 g EW, 40 g F, 19 g KH

1. Die Rosmarinzweige waschen und trocken schütteln. Sahne, Zucker und Rosmarin in einem Topf langsam erhitzen. Die Vanilleschote längs aufschneiden, das Mark herauskratzen und mit der Schote zur Sahne geben. 10 Min. leicht köcheln.
2. Die Gelatine in kaltem Wasser einweichen. Den Topf vom Herd ziehen und die Vanilleschote herausnehmen. Die Gelatine etwas ausdrücken, zur Sahne geben und unter Rühren auflösen.
3. Die Panna cotta in vier kalt ausgespülte Förmchen füllen und 4 Std. oder über Nacht kühl stellen. Die Creme in Schälchen servieren oder auf vier Teller stürzen. Die Früchte waschen und trocken tupfen. An das Dessert legen und mit Puderzucker bestäuben.

MASCARPONE-ZABAIONE MIT CANTUCCINI (2)

Für 4 Personen
500 g Mascarpone
150 ml Vin Santo (süßer italienischer Dessertwein oder ein Amaretto)
100 g Puderzucker
12 Cantuccini
Außerdem
4 kleine Schälchen
Zubereitung: 5 Min.
Pro Portion ca. 900 kcal
7 g EW, 62 g F, 42 g KH

1. Mascarpone, Vin Santo und Puderzucker zu einer glatten Creme verrühren und die Masse auf 4 Schälchen verteilen. Zu jeder Portion jeweils 3 Cantuccini servieren.

ZITRONENTARTE (3)

Für 1 Tarteform (26 cm Ø)
250 g Mehl | 125 g Butter
1 ½ EL Zucker | 1 Ei
Butter zum Fetten

Für die Creme

3 Zitronen | 125 g Butter

5 Eier | 180 g Zucker

etwas Puderzucker zum Bestreuen

Außerdem

Spring- oder Tarteform

Zubereitung: 20 Min.

Backzeit: 65 Min.

Pro Portion ca. 265 kcal

5 g EW, 16 g F, 27 g KH

1. Den Backofen auf 180° vorheizen.
2. Mehl, klein gewürfelte Butter, Zucker und Ei mit den Händen zu einem glatten Teig verarbeiten. Die Tarteform mit Butter einfetten und den Teig darin auslegen. Im Ofen (mittlere Schiene) 25 Min. backen.
3. Die Zitronen heiß abwaschen, trocknen und die Schale fein abreiben. Ein paar Schalenstreifen zur Dekoration beiseite legen. Die Zitronen auspressen.
4. Die Butter in einem kleinen Topf schmelzen und den Schalenabrieb hinzugeben. Die Eier mit dem Zucker schaumig schlagen und den Zitronensaft hinzugeben. Die Masse zur Zitronenbutter geben und unter Rühren bei geringer Hitze dickflüssig köcheln. Die Masse unter Rühren erkalten lassen und auf dem gebackenen Teig ausstreichen. Die Tarte erneut in den Ofen schieben und 40 Min. backen.
5. Die Tarte herausnehmen, auskühlen lassen und kalt stellen. Mit etwas Zitronenschale und Puderzucker dekorieren.

SCHOKOLADENTARTE
MIT HIMBEERSAUCE (4)

Für 1 Tarteform (26 cm Ø)

250 g Butter | 6 Eier

400 g Blockschokolade

250 g Zucker | Butter zum Fetten

etwas Puderzucker zum Bestreuen

Für die Himbeersauce

250 g TK-Himbeeren | 2 EL Zucker

6 cl Himbeergeist oder Obstler

Außerdem

Spring- oder Tarteform

Zubereitung: 15 Min.

Backzeit: ca. 20–25 Min.

Pro Portion ca. 375 kcal

5 g EW, 26 g F, 30 g KH

1. Eine Metallschüssel über einen großen Topf mit heißem Wasser stellen. Die Butter mit der Schokolade in der Schüssel bei mittlerer Hitze schmelzen lassen.
2. Den Backofen auf 180° vorheizen.
3. Die Eier mit dem Zucker schaumig schlagen. Die geschmolzene Schokoladenbutter vorsichtig darunterrühren. Eine Tarteform einfetten. Die Masse daraufgeben und im Ofen (mittlere Schiene) 20–25 Min. backen.
4. Himbeeren, Zucker und Himbeergeist bei niedriger Hitze leicht kochen, gelegentlich umrühren, bis die Sauce sämig ist. Vom Herd nehmen und kalt stellen.
5. Die Tarte etwas auskühlen lassen, in Stücke schneiden, Puderzucker darüberstreuen und mit Himbeersauce servieren.

GUT KOMBINIERT –
MENÜS FÜR JEDEN ANLASS

Wer es mal komplett mag, also mit Vorspeise, Hauptgang und süßem Finale, findet hier Anregungen, wie er Gerichte aus dem Buch passend kombinieren kann. Hier ein paar Anregungen, passend zu unterschiedlichen Situationen.

BRAINFOOD-MENÜ
Gebackener Ziegenkäse auf Nussbrot (Seite 48)
Nussnudeln (Seite 75)
Crêpes mit Fruchtfüllung (Seite 20)

PRÜFUNGSSTRESS-MENÜ
Datteln und Aprikosen im Speckmantel (Seite 72)
Scampi-Spieße auf Kartoffel-Limetten-Püree (Seite 131)
Exotischer Fruchtcocktail (Seite 78)

ENERGIEKICK-MENÜ
Scharfes Kürbisgemüse mit Dillrahm (Seite 128)
Risi e bisi mit Pute (Seite 112)
Mandel-Mandarinenquark mit Schuss (Seite 78)

FITNESS-MENÜ
Kräuter-Dip mit Rohkoststicks (Seite 24)
Salat mit Pute und Joghurt-Pesto-Dressing (Seite 62)
Obstquark (Seite 75)

SATTMACHER-MENÜ
Taleggio-Feigen (Seite 72)
Tiroler Gröstl (Seite 99)
Zwetschgendatschi auf Quarkteig (Seite 51)

LANGE-NACHT-MENÜ
Mojito oder Virgin Caipi (Seite 82)
Fleischpflanzerl (Frikadellen) mit bayerischem Kartoffelsalat (Seite 108)
Nachos mit Guacamole (Seite 71)

FISCH-MENÜ
Shrimpsquark auf Toast (Seite 25)
Fischfilet in Sesamkruste mit Orangen-Fenchel-Gemüse (Seite 125)
Pancakes (Seite 20)

VIVA-ITALIA-MENÜ
Tomaten-Pecorino-Carpaccio (Seite 77)
Spaghetti bolognese (Seite 65)
Mascarpone-Zabaione mit Cantuccini (Seite 136)

BAYERISCHES MENÜ
Feldsalat mit Speckwürfeln und Balsamico-Dressing (Seite 60)
Schweinebraten mit Semmelknödel 126
Mohnrolle oder Mohnputizen 84

LETZTES SEMESTERTAG-MENÜ
Tomaten-Bruschetta (Seite 31)
Hähnchenbrust in Bananen-Buttermilch mit Couscous (Seite 132)
Schoko-Nuss-Croissants (Seite 18)

AROMENREISE-MENÜ
Italian Sushi (Seite 62)
Gefüllte Paprika – asiatisch-scharf (Seite 104)
Zitronentarte (Seite 136)

WOHLFÜHL-MENÜ
Forellenmousse 49
Schnelle Tomatensuppe (Seite 33)
Schweinemedaillons in Zitronenrahm (Seite 96)
Strawberry-Daiquiri 83

ROMANTIKER-MENÜ
Lachs-Rucola-Rolls (Seite 45)
Tagliatelle in Weißweinsauce mit getrockneten Tomaten (Seite 132)
Schokoladentarte mit Himbeersauce (Seite 137)

HERBST-WINTER-MENÜ
Kürbiscreme-Suppe (Seite 68)
Entenbrust auf Maronen-Mandarinen-Sauce (Seite 128)
Weißer Glühwein (Seite 83)

ANGEBER-MENÜ
Vitello tonnato (Seite 120)
Involtini di gallio (Seite 123)
Rosmarin-Panna-cotta (Seite 136)

REGISTER

A
Ananas
Exotischer Fruchtcocktail 78
Pancakes 20
Toast Hawaii 29
Aprikosen
Süßes Früchtebrot 26
Datteln und Aprikosen im Speckmantel 72
Auberginen
Gebackene Auberginen 107
Orientalische Auberginen-Hackrolle 115
Avocado: Nachos mit Guacamole 71
Ayvar
Cevapcici 106
Risi e bisi mit Pute 112

B
Baguettes
Gebackener Ziegenkäse auf Nussbrot 48
Luxus-Baguette 38
Roastbeef-Sandwich 37
Steak-Sandwich 38
Tomaten-Bruschetta 31
Banane
Bircher-Müsli mit frischen Früchten 17
Hähnchenbrust in Bananen-Buttermilch mit Couscous 132
Honigbanane mit Vanilleeis 75
Obstquark 75
Schoko-Bananen-Müsli 17
Beeren
Heidelbeer-Muffins 87
Rosmarin-Panna-cotta 136
Smoothy 33
Big Bacon-Cheeseburger 111
Birne
Birne-Gorgonzola-Rolls 45
Obstquark 75
Bircher-Müsli mit frischen Früchten 17
Blätterteig
Orientalische Auberginen-Hackrolle 115
Schoko-Nuss-Croissants 18
Sizilianischer Gemüsekuchen 46
Spargelquiche 91
Spinatquiche 91
Brokkoli: Kartoffelauflauf mit Hackfleisch und Brokkoli 92
Brot
Strammer Max 29
Süßes Früchtebrot 26
Buttermilch: Hähnchenbrust in Bananen-Buttermilch mit Couscous 132

C
Cantuccini: Mascarpone-Zabaione mit Cantuccini 136
Cashew-Kerne: Hähnchenbrust in Bananen-Buttermilch mit Couscous 132
Cevapcici 106
Chicorée: Forellenmousse 49
Chips for the Dips 55
Clubsandwich 37
Couscous: Hähnchenbrust in Bananen-Buttermilch mit Couscous 132
Crêpes
Birne-Gorgonzola-Rolls 45
Crêpes nach Gusto 20
Hähnchen-Pesto-Rolls 45
Lachs-Rucola-Rolls 45

D
Datteln und Aprikosen im Speckmantel 72
Dill
Forellenmousse 49
Gefüllte Zucchini in Dillsauce 103
Scharfes Kürbisgemüse mit Dillrahm 128
Shrimpsquark auf Toast 25
Dips
Kräuter-Dip mit Rohkoststicks 24
Olivenpaste 54
Rotes Pesto 54
Tuna-Creme 54
Tzatziki 55

E
Eier
Crêpes nach Gusto 20
Eier im Glas 25
Pancakes 20
Rindertatar mit Zwiebelkonfitüre und Spiegelei 120
Rühreier mit Speck 24
Sizilianischer Gemüsekuchen 46
Strammer Max 29
Entenbrust auf Maronen-Mandarinen-Sauce 128
Erbsen
Risi e bisi mit Pute 112
Erdbeeren
Obstquark 75
Pancakes 20
Strawberry-Daiquiri 83
Estragon-Gurken-Shake 33
Exotischer Fruchtcocktail 78

F
Feigen: Taleggio-Feigen 72
Feldsalat mit Speckwürfeln und Balsamico-Dressing 60
Fenchel: Orangen-Fenchel-Gemüse 125
Fischfilet in Sesamkruste 125
Fleischpflanzerl (Frikadellen) mit bayerischem Kartoffelsalat 108
Forellenmousse 49

G
Garnelen: Scampi-Spieße 131
Gebackene Auberginen 107
Gebackener Ziegenkäse auf Nussbrot 48
Gefüllte Paprika – asiatisch-scharf 104
Gefüllte Zucchini in Dillsauce 103
Gemüsekuchen, Sizilianischer 46

Getränke
Estragon-Gurken-Shake 33
Exotischer Fruchtcocktail 78
Mojito 82
Strawberry-Daiquiri 83
Virgin Caipi 82
Weißer Glühwein 83
Gnocchi: Involtini di gallio 123
Gröstl, Tiroler 99
Gurke
Estragon-Gurken-Shake 33
Kräuter-Dip mit Rohkoststicks 24
Tzatziki 55

H
Hackfleisch
Big Bacon-Cheeseburger 111
Cevapcici 106
Fleischpflanzerl (Frikadellen) mit bayerischem Kartoffelsalat 108
Gefüllte Paprika – asiatisch-scharf 104
Gefüllte Zucchini in Dillsauce 103
Kartoffelauflauf mit Hackfleisch und Brokkoli 92
Orientalische Auberginen-Hackrolle 115
Rindertatar mit Zwiebelkonfitüre und Spiegelei 120
Spaghetti bolognese 65
Tex-Mex-Wraps 40
Hähnchenbrustfilet
Hähnchenbrust in Bananen-Buttermilch mit Couscous 132
Hähnchen-Pesto-Rolls 45
Hähnchenspieße süßsauer 48
Involtini di gallio 123
Heidelbeer-Muffins 87
Honigbanane mit Vanilleeis 75
Honigmelone: Melone mit Schinken 72

I
Involtini di gallio 123
Italian Sushi 62

J
Joghurt
Bircher-Müsli mit frischen Früchten 17
Estragon-Gurken-Shake 33
Obstquark 75
Smoothy 33
Tzatziki 55

K
Kalbfleisch (Schwanzrolle): Vitello tonnato 120
Kapern: Tuna-Creme 54

Käse
Big Bacon-Cheeseburger 111
Birne-Gorgonzola-Rolls 45
Clubsandwich 37
Gebackene Auberginen 107
Gebackener Ziegenkäse auf Nussbrot 48
Kartoffelauflauf mit Hackfleisch und Brokkoli 92
Kartoffel-Röstkuchen 71
Nachos mit Guacamole 71
Ofengeschnetzeltes 95
Taleggio-Feigen 72
Tomaten-Pecorino-Carpaccio 77
Schinken-Rucola-Wraps 42
Spargelquiche 91
Spinatquiche 91
Toast Hawaii 29
Zucchini-Tomaten-Gemüse mit Parmesanspänen 106
Kartoffeln
Chips for the Dips 55
Fleischpflanzerl (Frikadellen) mit bayerischem Kartoffelsalat 108
Kartoffelauflauf mit Hackfleisch und Brokkoli 92
Kartoffel-Limetten-Püree 131
Kartoffel-Röstkuchen 71
Minestrone 69
Ofenkartoffel mit Kräutercreme 98
Tiroler Gröstl 99
Wiener Schnitzel mit Bratkartoffeln 101
Knödelbrot
Rahmschwammerl mit Riesen-Semmelknödel 116
Schweinebraten mit Semmelknödel 126
Kokosmilch
Exotischer Fruchtcoktail 78
Tomaten-Kokos-Suppe 68
Kräuter-Dip mit Rohkoststicks 24
Kuchen
Heidelbeer-Muffins 87
Mohnrolle oder Mohnputizen 84
Schokoladentarte mit Himbeersauce 137
Sizilianischer Gemüsekuchen 46
Tomaten-Muffins 42
Zitronentarte 136
Zwetschgendatschi auf Quarkteig 51
Kürbis
Kürbiscreme-Suppe 68
Scharfes Kürbisgemüse mit Dillrahm 128

L
Lachs-Rucola-Rolls 45
Limetten
Kartoffel-Limetten-Püree 131
Mojito 82
Virgin Caipi 82

M
Mais
Risi e bisi mit Pute 112
Tex-Mex-Wraps 40
Mandarinen
Entenbrust auf Maronen-Mandarinen-Sauce 128
Mandel-Mandarinen-Quark mit Schuss 78
Mandeln
Mandel-Mandarinen-Quark mit Schuss 78
Nussnudeln 75
Mascarpone-Zabaione mit Cantuccini 136
Melone mit Schinken 72
Minestrone 69
Mojito 82
Mohnrolle oder Mohnputizen 84

Mozzarella
Italian Sushi 62
Schinken-Rucola-Wraps 42
Muffins
Heidelbeer-Muffins 87
Tomaten-Muffins 42
Müsli
Schoko-Bananen-Müsli 17
Bircher-Müsli mit frischen Früchten 17

N
Nachos mit Guacamole 71
Nudelsalat mit Tomaten und Rucola 59
Nüsse
Bircher-Müsli mit frischen Früchten 17
Gebackener Ziegenkäse auf Nussbrot 48
Nussnudeln 75
Schoko-Nuss-Croissants 18
Süßes Früchtebrot 26
Zweierlei Naschzucker – für Sommer und Winter 51
Nudeln
Minestrone 69
Nudelsalat mit Tomaten und Rucola 59
Nussnudeln 75
Ofengeschnetzeltes 95
Spaghetti bolognese 65
Tagliatelle in Weißweinsauce mit getrockneten Tomaten 132

O
Obstquark 75
Ofengeschnetzeltes 95
Ofenkartoffel mit Kräutercreme 98
Olivenpaste 55
Orangen-Fenchel-Gemüse 125
Orientalische Auberginen-Hackrolle 115

P
Panna-cotta, Rosmarin- 136
Paprika
Gefüllte Paprika – asiatisch-scharf 104
Italian Sushi 62
Luxus-Baguette 38
Risi e bisi mit Pute 112
Tex-Mex-Wraps 40
Pancakes 20
Pesto
Hähnchen-Pesto-Rolls 45
Rotes Pesto 54
Pfefferminze
Gefüllte Paprika – asiatisch-scharf 104
Mojito 82
Pilze
Rahmschwammerl mit Riesen-Semmelknödel 116
Steak-Sandwich 38
Putenbrustfilet
Ofengeschnetzeltes 95
Risi e bisi mit Pute 112
Salat mit Pute und Joghurt-Pesto-Dressing 62

Q
Quark
Mandel-Mandarinen-Quark mit Schuss 78
Obstquark 75
Shrimpsquark auf Toast 25
Spargelquiche 91
Tzatziki 55
Zwetschgendatschi auf Quarkteig 51
Quiche
Spargelquiche 91
Spinatquiche 91

R
Rahmschwammerl mit Riesen-Semmelknödel 116
Reis
Gefüllte Zucchini in Dillsauce 103
Risi e bisi mit Pute 112
Ricotta: Spinatquiche 91
Rindertatar mit Zwiebelkonfitüre und Spiegelei 120
Risi e bisi mit Pute 112
Risotto, Spargel- 112
Roastbeef-Sandwich 37
Rolls
Birnen-Gorgonzola-Rolls 45
Lachs-Rucola-Rolls 45
Hähnchen-Pesto-Rolls 45
Rosmarin
Gebackene Auberginen 107
Olivenpaste 54
Rosmarin-Panna-cotta 136
Rotes Pesto 54
Rucola
Schinken-Rucola-Wraps 42
Lachs-Rucola-Rolls 45
Nudelsalat mit Tomaten und Rucola 59
Rühreier mit Speck 24
Rum
Mojito 82
Strawberry-Daiquiri 83

S
Sahne: Rosmarin-Panna-cotta 136
Salate
Feldsalat mit Speckwürfeln und Balsamico-Dressing 60
Nudelsalat mit Tomaten und Rucola 59
Salat mit Pute und Joghurt-Pesto-Dressing 62
Sandwich
Club-Sandwich 37
Roastbeef-Sandwich 37
Steak-Sandwich 38
Scampi-Spieße 131
Scharfes Kürbisgemüse mit Dillrahm 128
Schinken
Chips fort the Dips 55
Clubsandwich 37
Eier im Glas 25
Gebackener Ziegenkäse auf Nussbrot 48
Italian Sushi 62
Melone mit Schinken 72
Schinken-Rucola-Wraps 42

Strammer Max 29
Toast Hawaii 29
Schnelle Tomatensuppe 33
Schweinefleisch
Schweinebraten mit Semmelknödel 126
Schweinemedaillons in Zitronenrahm 96
Steak-Sandwich 38
Wiener Schnitzel mit Bratkartoffeln 101
Schokolade
Schoko-Bananen-Müsli 17
Schokoladentarte mit Himbeersauce 137
Schoko-Nuss-Croissants 18
Sesam
Fischfilet in Sesamkruste 125
Sesambrötchen mit Frischkäse 31
Shrimpsquark auf Toast 25
Sizilianischer Gemüsekuchen 46
Smoothy 33
Spaghetti bolognese 65
Spinat: Spinatquiche 91
Spargel
Spargelquiche 91
Spargel-Risotto 112
Speck
Big Bacon-Cheeseburger 111
Datteln und Aprikosen im Speckmantel 72
Feldsalat mit Speckwürfeln und Balsamico-Dressing 60
Rühreier mit Speck 24
Tiroler Gröstl 99
Steak-Sandwich 38
Strammer Max 29
Strawberry-Daiquiri 83
Süßes Früchtebrot 26

T
Taleggio-Feigen 72
Tagliatelle in Weißweinsauce mit getrockneten Tomaten 132
Tatar: Rindertatar mit Zwiebelkonfitüre und Spiegelei 120
Tex-Mex-Wraps 40
Thunfisch
Vitello tonnato 120
Tuna-Creme 54
Tiroler Gröstl 99
Toasts
Clubsandwich 37
Shrimpsquark auf Toast 25
Toast Hawaii 29
Tortilla
Schinken-Rucola-Wraps 42
Tex-Mex-Wraps 40
Tomaten
Kräuter-Dip mit Rohkoststicks 24
Luxus-Baguette 38
Nudelsalat mit Tomaten und Rucola 59
Orientalische Auberginen-Hackrolle 115
Rotes Pesto 54
Schnelle Tomatensuppe 33
Sizilianischer Gemüsekuchen 46
Spaghetti bolognese 65
Tagliatelle in Weißweinsauce mit getrockneten Tomaten 132
Tomaten-Bruschetta 31
Tomaten-Kokos-Suppe 68
Tomaten-Muffins 42
Tomaten-Pecorino-Carpaccio 77
Zucchini-Tomaten-Gemüse mit Parmesanspänen 106
Tuna-Creme 54
Tzatziki 55

V
Vanilleeis: Honigbanane mit Vanilleeis 75
Virgin Caipi 82
Vitello tonnato 120

W
Weißwein
Involtini di gallio 123
Rotes Pesto 54
Tagliatelle in Weißweinsauce mit getrockneten Tomaten 132
Weißer Glühwein 83
Wiener Schnitzel mit Bratkartoffeln 101

Wraps
Schinken-Rucola-Wraps 42
Tex-Mex-Wraps 40

Z
Zabaione: Mascarpone-Zabaione mit Cantuccini 136
Ziegenkäse, Gebackener, auf Nussbrot 48
Zitrone
Zitronentarte 136
Schweinemedaillons in Zitronenrahm 96
Zucchini
Gefüllte Zucchini in Dillsauce 103
Italian Sushi 62
Sizilianischer Gemüsekuchen 46
Zucchini-Tomaten-Gemüse mit Parmesanspänen 106
Zucker: Zweierlei Naschzucker – für Sommer und Winter 51
Zwetschgendatschi auf Quarkteig 51
Zwiebel: Rindertatar mit Zwiebelkonfitüre und Spiegelei 120

Kochlust pur

Für Einsteiger, Hobbyköche und Genussmenschen

ISBN 978-3-7742-1142-1
168 Seiten

ISBN 978-3-8338-1687-1
128 Seiten

ISBN 978-3-8338-1381-8
208 Seiten

Was schlaue Köche brauchen

- **Bunter Rezeptmix** – von klassisch bis neu
- **Profitipps** – für sicheres Gelingen und garantierten Genuss
- **Jede Menge Abwechslung** – mit vielen Varianten

GU

Willkommen im Leben.

küchengötter.de
powered by GU

Einfach göttlich kochen und himmlisch speisen?
Die passenden Rezepte, Küchentipps und -tricks in Wort und Film finden Sie ganz einfach unter:
www.küchengötter.de

Luca-Moritz Gültas weiß doppelt, von was er in seinem Kochbuch spricht: Jahrelang selbst Student, sattelte der Sport- und Ernährungswissenschaftler auf den Beruf Koch um. Er blieb damit der Tradition der Familie treu, führten bereits die Großmutter und dann die Eltern ein eigenes Restaurant. Da ihm das Kochen selbst aber zu eintönig wurde, führt er seit 2003 sein eigenes Catering-Unternehmen, dem er 2007 eine eigene Kochschule in München zufügte. Mit einer der bestgebuchten Kurse: Kochen für und mit Studenten.

Coco Lang, Fotografin, lebt in München, kocht mit wahrer Begeisterung in ihrer Hinterhofwerkstatt am Viktualienmarkt und liebt außergewöhnliche Arrangements. Ihren Besuchen in zahlreichen Studenten-Wohnungen hat das Buch seine authentischen Bilder zu verdanken.
Unter www.cocolang.de <http://www.cocolang.de> findet sich ein guter Überblick über ihre Arbeiten.

Projektleitung: Stephanie Wenzel
Lektorat: Anna Cavelius
Korrektorat: Mischa Gallé
Fotografie: Coco Lang, München
Fotoassistenz: Uwe A. Kirsten
Foodstyling: Daniel Petri
Umschlaggestaltung und Layout: independent Medien-Design, München
Herstellung: Petra Roth
Satz: Bernd Walser Buchproduktion, München
Reproduktion: Repromayer, Reutlingen
Druck: Firmengruppe APPL, aprinta druck, Wemding
Bindung: Firmengruppe APPL, seller druck, Freising
Printed in Germany

ISBN 978-3-8338-1475-4

Syndication: www.jalag-syndication.de

3. Auflage 2011

GRÄFE UND UNZER

Ein Unternehmen der
GANSKE VERLAGSGRUPPE

DAS ORIGINAL GU MIT GARANTIE

Unsere Garantie

Alle Informationen in diesem Ratgeber sind sorgfältig und gewissenhaft geprüft. Sollte dennoch einmal ein Fehler enthalten sein, schicken Sie uns das Buch mit dem entsprechenden Hinweis an unseren Leserservice zurück. Wir tauschen Ihnen den GU-Ratgeber gegen einen anderen zum gleichen oder ähnlichen Thema um.

Liebe Leserin und lieber Leser,

wir freuen uns, dass Sie sich für ein GU-Buch entschieden haben. Mit Ihrem Kauf setzen Sie auf die Qualität, Kompetenz und Aktualität unserer Ratgeber. Dafür sagen wir Danke! Wir wollen als führender Ratgeberverlag noch besser werden. Daher ist uns Ihre Meinung wichtig. Bitte senden Sie uns Ihre Anregungen, Ihre Kritik oder Ihr Lob zu unseren Büchern. Haben Sie Fragen oder benötigen Sie weiteren Rat zum Thema? Wir freuen uns auf Ihre Nachricht!

Wir sind für Sie da!
Montag - Donnerstag:
8.00 – 18.00 Uhr;
Freitag: 8.00 – 16.00 Uhr
Tel.: 0180-5 00 50 54*
Fax: 0180-5 01 20 54*
E-Mail:
leserservice@graefe-und-unzer.de

*(0,14 €/Min. aus dem dt. Festnetz/ Mobilfunkpreise maximal 0,42 €/Min.)

P.S.: Wollen Sie noch mehr Aktuelles von GU wissen, dann abonnieren Sie doch unseren kostenlosen GU-Online-Newsletter und/oder unsere kostenlosen Kundenmagazine.

GRÄFE UND UNZER VERLAG
Leserservice
Postfach 86 03 13
81630 München